PROJET DÉFINITIF

D'UNE

FABRIQUE DE CIGARETTES

(Genre Havanais)

Etablie à Saint-Sébastien (frontière d'Espagne)

avec la marque **LA HONRADEZ** *(L'Honorabilité)* de la Havane et fonctionnant avec les MACHINES-SUSINI, brevetées.

CALCUL DES DÉBOURS ET DES PRODUITS

BASÉ SUR LA FABRICATION JOURNALIÈRE
DE 250,000 & DE 500,000 PAQUETS DE 25 CIGARETTES, DITES « **CAMÉLIAS** »
GRANDEUR Nº 16 NOUVEAU DE « **La Honradez** »
DE 7 CENTIMÈTRES DE LONGUEUR ET 7 MILLIMÈTRES DE GROSSEUR
PORTANT CHACUNE EN RELIEF LE TIMBRE AUTHENTIQUE DE LADITE MARQUE
ET CONTENANT DU TABAC CUBAIN.

PARIS
IMPRIMERIE A.-E. ROCHETTE
72-80, Boulevard Montparnasse, 72-80

1869

V

PROJET DÉFINITIF

D'UNE

FABRIQUE DE CIGARETTES

(Genre Havanais)

PROJET DÉFINITIF

D'UNE

FABRIQUE DE CIGARETTES

(Genre Havanais)

Etablie à Saint-Sébastien (frontière d'Espagne)

avec la marque **LA HONRADEZ** *(L'Honorabilité)* de la Havane et fonctionnant avec les MACHINES-SUSINI, brevetées.

CALCUL DES DÉBOURS ET DES PRODUITS

BASÉ SUR LA FABRICATION JOURNALIÈRE
DE 250,000 & DE 500,000 PAQUETS DE 25 CIGARETTES, DITES « **CAMÉLIAS** »
GRANDEUR N° 16 NOUVEAU DE « **La Honradez** »
DE 7 CENTIMÈTRES DE LONGUEUR ET 7 MILLIMÈTRES DE GROSSEUR
PORTANT CHACUNE EN RELIEF LE TIMBRE AUTHENTIQUE DE LADITE MARQUE
ET CONTENANT DU TABAC CUBAIN.

PARIS
IMPRIMERIE A.-E. ROCHETTE
72-80, Boulevard Montparnasse, 72-80

1869

PROJET DÉFINITIF

D'UNE

FABRIQUE DE CIGARETTES

(Genre Havanais)

Établie à Saint-Sébastien (frontière d'Espagne),

avec la marque LA HONRADEZ *(L'Honorabilité)* **de la Havane, et fonctionnant avec les MACHINES-SUSINI, brevetées.**

Calcul des Débours et des Produits, basé sur la fabrication journalière de 250,000 et 500,000 paquets de 25 cigarettes, dites « *Camélias,* » grandeur n° 16 nouveau de « *La Honradez* », de 7 centimètres de longueur et 7 millimètres de grosseur, portant chacune en relief le timbre authentique de ladite marque, et contenant du tabac Cubain.

BASE.

250,000 Paquets de 25 cigarettes contiennent 6,250,000 cigarettes; soit, 1,250 Roues (ronds) de 5,000 cigarettes;

MACHINES-SUSINI NÉCESSAIRES

En supputant, pour chaque journée, 10 heures de travail utile avec les machines-Susini, et réduisant, en prévoyance de tout arrêt accidentel, à 16 $^2/_3$ cigarettes seulement à la minute, la moyenne du produit desdites machines (cette moyenne est en réalité de 20 cigarettes, de sorte que le rabais de 3 $^1/_3$ cigarettes qu'il y a entre ce nombre et les 16 $^2/_3$ ci-dessus, équivaut à 20 $^{01}/_{00}$ pour cent de réduction), c'est-à-dire en calculant 1,000 cigarettes par heure, ou 10,000 cigarettes par journée pour chaque machine, les 6,250,000 cigarettes nécessitent 625 machines.

En y ajoutant 20 pour cent pour augmentation de machines de rechange, soit 125 machines, on arrive au total de 750 machines.

Si ces 125 machines de rechange, qui produisent chacune 20 cigarettes en moyenne à la minute, fonctionnaient en même temps que les 625 machines nécessaires, on obtiendrait que les 2,500 cigarettes qu'elles donneraient, viendraient augmenter de 4 cigarettes à la minute la production moyenne réelle de ces dernières machines et à élever à 45 pour cent à peu près la réduction *prévoyante* de 20 $^{01}/_{00}$ pour cent démontrée ci-dessus comme résultat de l'estimation de 16 $^2/_3$ cigarettes fixée à leur produit moyen minimum par minute.

MATÉRIEL DE GROSSE MÉCANIQUE.

1 Machine à vapeur, de la force de 20 chevaux.
4 Découpe-papier.
1 Presse hydraulique.
Arbres de couche.
Poulies.
Courroies.
1 Atelier de mécanique de précision.
Ustensiles et meubles divers.

CAPITAL EFFECTIF NÉCESSAIRE.

750 Machines-Susini, à 3,000	fr.	2,250,000
Matériel de grosse mécanique		100,000
	fr.	2,350,000
Frais d'installation		25,000
	fr.	2,375,000
Capital flottant; employé en tabac haché, papier, étiquettes, comptes courants, fonds de roulement, etc., etc.		625,000
	Total fr.	3,000,000

DÉBOURS JOURNALIERS.

Chaque cigarette dite « Camélia », grandeur n° 16 nouveau de « La Honradez, » de 7 centimètres de longueur et 7 millimètres de grosseur, contient en moyenne 55 centigrammes de tabac sec, haché; de sorte que les 6,250,000 cigarettes en contiendront 3,438 kilogrammes; qui, à 350 francs (en moyenne) les 100 kilogrammes, pris en fabrique à la Havane, se montent à. . . . fr. 12,033

Emballage et frais de transport jusqu'à Saint-Sébastien; 20 % à peu près (?) 2,407

Plus: 10 p. % pour pertes en déchets, échantillons de cigarettes, poussière, consommation du personnel de l'usine, etc., etc. 1,444

fr. 15,884

Chaque cigarette nécessite un *feuillet* de papier de 35 millimètres de largeur et 84 millimètres de longueur, dont 52 *feuillets* forment une feuille de 455 millimètres de largeur et 336 millimètres de longueur. Les 6,250,000 cigarettes nécessitent donc 120,193 feuilles; soit 241 rames de 500 feuilles de la grandeur indiquée; qui, au prix de 7 fr. 50 c. la rame, rendue à Saint-Sébastien, se

A reporter. . . fr. 15,884

	Report. . . . fr.	15,884
montent à . . . . à fr.	1,808	
Plus ; 15 % pour pertes en déchets, ainsi que pour emballages de boîtes, etc	272	2,080
Mise en paquets (à la main) de 1,250 Roues de 5,000 cigarettes ; à 60 c. la roue, (ceci tant que la machine-Susini à empaqueter ne sera pas terminée).		375
225,000 Étiquettes ordinaires imprimées ; à 4 fr. le mille.		900
25,000 — chromolithographiées ; à 36 fr. le mille.		900
150 Surveillants de machines-Susini ; soit un surveillant pour chaque 5 machines des 625 fonctionnant et des 125 de rechange ; à fr. 2,50.		750
30 Chargeurs de machines-Susini ; soit un chargeur pour chaque 25 machines ; à 3 fr.		90
10 Coupeurs de papier à cigarettes ; coupant à la mécanique 4 rames par heure ; à 5 fr.		50
10 Aides-coupeurs de papier à cigarettes ; à 4 fr.		40
10 Apprentis-coupeurs de papier à cigarettes ; à 2 fr.		20
50 Trieurs-compteurs de cigarettes ; soit un trieur-compteur pour chaque 25 roues de 5,000 cigarettes ; à 4 fr.		200
10 Porteurs de cigarettes à l'amarrage ; soit 1 porteur pour chaque 12 ½ roues par heure ; à 2 fr. 50 c.		25
25 Amarreurs de roues de cigarettes ; soit un amarreur pour chaque 50 roues ; à 4 fr..		100
5 Délieurs de cigarettes-déchets ; à 2 fr. 50 c.		13
10 Ouvriers de première classe ; à 5 fr.		50
10 — de deuxième — à 4 fr. 50.		45
10 — de troisième — à 4. fr.		40
10 — de quatrième — à 3 fr. 50 c.		35
10 Ouvriers de cinquième classe ; à 3 fr		30
10 Apprentis-ouvriers de première classe ; à 2 fr. 50.		25
10 — de deuxième — à 2 fr.		20
10 — de troisième — à 1 fr. 50 c.		15
10 — de quatrième — à 1 fr.		10
10 — de cinquième — à 50. c.		5
5 Employés d'atelier, de première classe ; à 4 fr.		20
5 — de deuxième — à 3 fr. 50 c.		18
	A reporter. . . . fr.	21,740

Report, fr.		21,740
5 Employés d'atelier de troisième classe à 3 fr.		15
5 — de quatrième — à 2 fr. 50 c.		13
5 — de cinquième — à 2 fr.		10
1 Ingénieur mécanicien		20
1 Premier mécanicien		10
1 Second mécanicien		8
1 Premier apprenti-mécanicien		5
1 Second apprenti —		4
2 Chauffeurs ; à 4 fr.		8
1 Maître ajusteur-mécanicien		15
1 Premier ajusteur —		14
1 Second —		13
1 Troisième —		12
1 Quatrième —		11
1 Cinquième —		10
1 Sixième —		9
1 Septième —		8
1 Huitième —		7
1 Neuvième —		6
1 Premier apprenti-ajusteur-mécanicien	fr. 5 »	
1 Second —	4 50	
1 Troisième —	4 »	
1 Quatrième —	3 50	
1 Cinquième —	3 »	
1 Sixième —	2 50	
1 Septième —	2 »	
1 Huitième apprenti ajusteur-mécanicien	1 50	
1 Neuvième —	1 »	
1 Dixième —	» 50	28
1 Préparateur chimiste		10
1 Aide-préparateur chimiste		5
1 Dessinateur mécanicien		10
1 Premier Contre-maître		10
1 Second —		9
1 Troisième —		8
A reporter. . . fr.		22,018

	Report. . fr.		22,018
1 Quatrième contre-maître			7
1 Cinquième —			6
1 Chef Garde-magasin			10
1 Sous-chef —			8
2 Gardes de nuit ; à 5 francs			10
5 Concierges ; à 5 francs			25
1 Directeur			50
1 Administrateur			45
1 Surveillant général des travaux			40
1 Conseil judiciaire			35
1 Premier Caissier			30
1 Second —			25
1 Teneur de livres			20
1 Premier Correspondant			15
1 Second —			10
1 Comptable des ateliers			9
1 Secrétaire de la Direction			8
1 — de l'Administration			7
1 Premier Payeur des ouvriers			6
1 Second —			5
1 Premier Commis de bureau			10
1 Second —			9
1 Troisième —			8
1 Quatrième —			7
1 Cinquième —			6
1 Sixième —			5
1 Septième —			4
1 Huitième —			3
1 Neuvième —			2
1 Dixième —			1
1 Premier Commis d'usine	5	»	
1 Second —	4	50	
1 Troisième —	4	»	
1 Quatrième —	3	50	
1 Cinquième —	3	»	
A reporter. . . . fr.	2	20	22,444

Report. . . fr.	20,000	»	22,444
1 Sixième Commis d'usine.	2	50	
1 Septième —	2	»	
1 Huitième —	1	50	
1 Neuvième —	1	»	
1 Dixième —	0	50	28
3 Agents-voyageurs; à 40 francs (frais de voyages compris).			120
Combustible pour la machine à vapeur.			25
Matériel et ustensiles pour l'entretien des machines-Susini.			25
Ingrédients pour la sauce à arroser le tabac; à 5 cent. par roue de cigarettes.			63
Loyer de l'Usine; à raison de fr. 30,000 par an de 365 jours (?).			83
Éclairage (?).			20
Impôts; à raison de fr. 10,000 par an (?).			28
Assurance contre l'incendie sur fr. 4,000,000, immeubles compris; à raison de $^1/_2$ % par an (?).			56
Frais de poste.			25
Frais de télégraphe.			25
Articles de bureau.			25
Circulaires, prix courants, specimens, annonces, etc., etc.			200
Frais de voyages de l'État-Major.			50
Loyer de la Direction à Paris; à raison de fr. 10,000 par an (?)			28
Service de la Direction; à raison de fr. 5,000 par an (?).			14
Service de l'Usine; à raison de fr. 10,000 par an (?)			28
Détérioration des machines-Susini, du matériel de grosse mécanique et des ustensiles et meubles divers, etc.; 6 $^2/_3$ pour cent par an sur fr. 2,500,000; soit, anéantissement total en 15 ans, durée du brevet des machines-Susini			457
Menus frais.			50
fr.			23,794
Imprévus..			206
TOTAL DES DÉBOURS PAR JOUR. . . . . fr.			24,000

PRODUITS JOURNALIERS.

250,000 Paquets de 25 cigarettes, dites « Camélias, » grandeur n° 16 nouveau de « **La Honradez** », de 7 centimètres de longueur et 7 millimètres de grosseur, contenant en moyenne 55 centigrammes de tabac sec, haché, faites par la machine-Susini, et portant le timbre et la marque « **La Honradez** » (*l'Honorabilité*), de la Havane, propriété de M. Joseph de Susini-Ruiseco sur chaque cigarette et sur chaque étiquette ; vendus en gros en fabrique à 15 centimes le paquet, produisent fr. 37,500

COMPARAISON.

Produit de 250,000 paquets	fr.	37,500
Débours par jour		24,000
Bénéfice minimum net par jour	fr.	13,500

soit ; fr. 4,927,500 dans l'année de 365 jours ; ce qui équivaut à 164 $^{25}/_{00}$ pour cent par an sur le capital effectif de fr. 3,000,000.

NOTA

Nous n'avons pas mentionné dans le devis précédent les droits d'entrée du tabac haché, parce que nous n'aurions pas pu le faire avec exactitude, attendu qu'on discute maintenant en Espagne le nouveau tarif qui, en vertu de la loi dernièrement proposée à l'Assemblée constituante, pour déclarer libre le commerce du tabac, doit régir ce commerce à partir du premier juillet 1870.

Il est bien entendu que ces droits ne peuvent modifier en quoi que ce soit les bénéfices résultant des calculs ci-dessus, car il est évident que sur les 15 centimes, prix du paquet de 25 cigarettes, vendu en gros, l'Usine de Saint-Sébastien, pour se couvrir de ces droits, n'aura qu'à ajouter la fraction proportionnelle que chaque paquet devra supporter en raison des droits d'entrée du tabac qu'il contiendra, ce qui sera obligatoire pour tous, tant importateurs que fabricants de cigarettes.

REMARQUES.

I

La population d'Espagne est de 17,000,000 d'habitants, d'après le dernier recensement.

En admettant qu'il n'y ait que 25 pour cent de ce nombre qui fument, on trouve 4,250,000 fumeurs.

Ce chiffre pourra paraître exagéré au premier abord; cependant, un simple argument va convaincre qu'il est au-dessous de l'exactitude. — Prenons la population **espagnole** par groupes de 4 personnes, trouvera-t-on jamais moins de 1 fumeur par groupe?

Supposant que le quart de ces 4,250,000 fumeurs n'use que les tabacs de Virginie, de Manille, et de celui appelé Holandilla, faisant généralement eux-mêmes la cigarette, il restera encore 3,187,500 autres fumeurs; et en laissant de côté les 187,500 comme chiffre correspondant à ceux qui ne fument que le cigare, on aura toujours 3,000,000 de fumeurs de cigarettes genre havanais, contenant du tabac Cubain, qui usent la cigarette toute faite.

En supputant un paquet de 25 cigarettes par jour pour chacun de ces derniers fumeurs, il résulte une consommation journalière de 75,000,000 de cigarettes.

Cet énorme chiffre est cependant le minimum qu'on doive attribuer à la consommation, en raison de l'immense usage que l'Espagnol fait de la cigarette.

En effet, il est parfaitement avéré, qu'en moyenne, les fumeurs espagnols consomment deux cigarettes à l'heure pendant les 16 heures qui constituent le temps de la vie active sur les 24 heures de la journée. Cette moyenne produisant, pour chaque fumeur, 32 cigarettes par jour, on est évidemment au-dessous de la consommation véritable, en ne supputant, comme nous l'avons fait, qu'un paquet de 25 cigarettes par jour pour chaque fumeur, ce qui fait un rabais de 28 % sur la consommation réelle qui, d'après cette considération, arrive sans aucun doute, à 96,000,000 de cigarettes par jour; soit 3,840,000 paquets de 25 cigarettes.

L'usine de Saint-Sébastien, ne produisant que 6,250,000 cigarettes par jour, n'arrivera à fournir que 6 ½ pour cent de la consommation réelle faite par les 3,000,000 de fumeurs ci-dessus indiqués.

Cette fourniture de 6 $^1/_2$ pour cent est le minimum de la vente que l'on puisse supputer à l'usine de Saint-Sébastien, vu les avantages très-remarquables que présentent ses cigarettes, autant en dimensions (5 millimètres dans la longueur et 1 millimètre dans la grosseur), qu'en perfection de façon, en propreté et en poids de tabac (10 centigrammes), sur celles fabriquées à la main, qui n'ont en général que 65 millimètres de longueur et 6 millimètres de grosseur, contenant seulement 45 centigrammes de tabac, et dont la façon et la propreté laissent beaucoup à désirer.

Mais si, outre cela, on considère le grand crédit dont jouit universellement la marque « **La Honradez** » de Louis Susini et Fils de la Havane, qui serait celle employée d'une manière légale et authentique à l'usine de Saint-Sébastien, on doit s'attendre au besoin d'augmenter la production de celle-ci au moins du double de l'estimation faite ci-dessus. C'est-à-dire, qu'on doit être certain d'avoir constamment des commandes journalières pour 500,000 paquets de 25 cigarettes, ce qui ne représentera encore que le 13 pour cent de la consommation générale.

Or, pour produire ces 500,000 paquets, au lieu des 250,000 du calcul précédent, il n'y aura besoin d'augmenter ni le chiffre du capital effectif, ni les machines-Susini, ni le matériel de grosse mécanique. Il suffira de faire fonctionner les 625 machines-Susini pendant dix heures de nuit aussi et d'augmenter le personnel selon les proportions indiquées dans le devis suivant.

II

Devis de l'Augmentation des Frais et des Débours, en travaillant 10 heures de nuit, outre les 10 heures du jour; pour produire un total de 500,000 Paquets de 25 cigarettes, sans modifier le matériel de mécanique de l'Usine, ni le capital effectif de l'entreprise, ni le nombre des machines-Susini.

Tabac; comme ci-dessus. . . . . fr.	15,884
Papier à cigarettes; comme ci-dessus.	2,080
Mise en paquets; comme ci-dessus.	750
Etiquettes ordinaires; comme ci-dessus.	900
— chromolithographiées; comme ci-dessus.	900
Surveillants des machines-Susini; comme ci-dessus.	375
Chargeurs des machines-Susini; comme ci-dessus.	90
Coupeurs de papier à cigarettes; comme ci-dessus.	50
Aides-coupeurs de papier; comme ci-dessus	40
Apprentis-coupeurs; comme ci-dessus.	20
Trieurs-compteurs; comme ci-dessus	200
Porteurs de cigarettes à l'amarrage; comme ci-dessus	25
Amarreurs de roues de cigarettes; comme ci-dessus.	100
Combustible pour la machine à vapeur; comme ci-dessus.	25
Ingrédients pour la sauce à arroser le tabac; comme ci-dessus	63
Eclairage (?)	30
Augmentation du personnel d'employés de l'usine (50 employés à 4 fr. ?).	200
fr.	21,732
Imprévus	68
Total de l'augmentation des débours. fr.	21,800

au lieu de fr. 24,000, comme ci-dessus; ce qui donne une différence de fr. 2,200 par jour.

RÉSULTAT DU TRAVAIL DE NUIT.

Produits; comme ci-dessus.	fr.	37,500
Augmentation des débours.		21,800
Bénéfice net par jour.	fr.	15,700

soit; fr. 5,730,500 dans l'année de 365 jours; qui, ajoutés aux fr. 4,927,500 du résultat du travail de jour, donnent un total de fr. 10,658,000; ce qui équivaut à 355 $^{2660}/_{00}$ pour cent par an sur le capital effectif de fr. 3,000,000.

III

Saint-Sébastien est la capitale de la province de Guipuzcoa, qui contient 120,000 habitants.

Celle de Biscaye a une population de 115,000; celle d'Alava, 80,000, et la Navarre en a 250,000.

Ces quatre populations réunies, forment un total de 565,000 habitants, dont nous supputons, comme ci-dessus, que le quart seulement est fumeur; soit 141,250 fumeurs.

Supposant que le 25 pour cent de ces fumeurs ne fait usage que des tabacs Virginie, Manille et Holandilla, il reste encore 105,938 autres fumeurs, et en laissant de côté les 5,938, comme chiffre qui représente ceux qui ne fument que le cigare, il reste toujours 100,000 fumeurs de cigarettes genre havanais, contenant du tabac Cubain.

D'après les informations qui nous ont été données, cette marchandise se vend généralement au détail, dans les quatre provinces qui viennent d'être indiquées, à 52 $^1/_2$ centimes et à 65 $^5/_8$ centimes les paquets de 20 et de 24 cigarettes n° 16 ancien, dites Camélias, faites à la main et de grandeur ordinaire, c'est-à-dire de 6 $^1/_2$ centimètres de longueur et 6 millimètres de grosseur, contenant 45 centigrammes de tabac. La moyenne du prix de vente résulte donc être de 59 $^1/_{16}$ centimes par paquet de 22 cigarettes.

Le poids de chacune de ces cigarettes étant en moyenne de 55 centigrammes (soit, 45 centigrammes en tabac haché et 10 centigrammes en papier), il résulte, que chaque paquet de 22 cigarettes doit peser 1,210 centigrammes. En y ajoutant 120 centigrammes pour le poids, en moyenne, de l'étiquette ordinaire, nous arrivons à un poids total de 1,330 centigrammes pour chaque paquet de 22 cigarettes.

Les droits d'entrée à Saint-Sébastien sont fixés à 8 francs le kilogramme, autant pour les cigarettes en paquets, que pour le tabac haché ; de sorte que le paquet de 22 cigarrettes, dites « Camélias, » grandeur n° 16 ancien, de « **La Honradez.** » pesant 1.330 centigrammes, paye pour droits d'entrée 0 fr. 10 cent. 640 et diminue, pour le vendeur au détail, à 0 fr. 48 cent. 420 le prix de 0 fr. 59 $^{1}/_{16}$ centimes expliqué ci-dessus.

Or, l'usine de Saint-Sébastien pourrait attendre jusqu'au 1er juillet 1870 (époque à laquelle le commerce du tabac sera libre en Espagne) pour faire ses ventes en gros destinées à tout le pays, et commencer dès maintenant ses opérations en établissant dans les quatre provinces indiquées, des dépôts pour vendre au détail pour son compte, au prix de 0 fr. 50 cent. ses paquets de 25 cigarettes, dites « Camélias, » n° 16 nouveau de « **La Honradez,** » faites par les machines-Susini, de 7 centimètres de longueur et 7 millimètres de grosseur, pesant 70 centigrammes, soit 55 centigrammes en tabac et 15 centigrammes en papier, ce qui donne un poids total de 1,875 centigrammes pour le paquet de 25 cigarettes, y compris 125 centigrammes du poids de l'étiquette ordinaire ; voir :

25 cigarettes à 55 centigrammes de tabac.	1,375
25 feuillets de papier, à 15 centigrammes.	375
1 Etiquette.	125
Total, centigrammes	1,875

soit; 545 centigrammes de plus que le paquet de 22 cigarettes, « dites Camélias, » grandeur n° 16 ancien de « **La Honradez,** » qui est celle que l'on trouve maintenant dans les provinces indiquées.

En vendant au détail notre paquet de 25 cigarettes, au prix mentionné de 50 cent., la Compagnie obtiendrait, d'après la démonstration suivante, un bénéfice de 0 fr 23 cent. 100 par paquet, sur le prix de 15 cent. de la vente en gros, n'importe quelle puisse être la fraction qu'on devra y ajouter pour les droits d'entrée du tabac haché. (Voir la note, page 18).

Démonstration :

1 Paquet de 25 cigarettes, vendu au détail, à		fr. 0. 50 c.
A déduire :		
Prix de sa vente en gros.	fr. 0 15 c.	
A reporter.	fr. 0 15 c.	fr. 0. 50 c.

Report. . . . . fr.	0 15 c.	fr. 0 50 c.
Droits d'entrée de 1,512 $^{1}/_{2}$ centigrammes de tabac; soit, 1,375 centigrammes contenus dans les 25 cigarettes, et 137 $^{1}/_{2}$ centigrammes (soit 10 pour cent) pour la perte en déchets, poussière, etc., dont il est fait mention dans le devis des débours journaliers du calcul général (p. 7); à 8 francs le kilogramme	0. 12 c. 10	
		0. 27 c. 10
	Net : fr.	0. 22 c. 90

Mais pour nous assurer de plus en plus la réussite de la vente au détail des cigarettes genre havanais, avec du tabac Cubain et marque « **La Honradez** » de la Havane, dans les provinces ci-dessus mentionnées, réduisons à 17 c. 90 ce bénéfice de 22 c. 90, en établissant le prix de 45 centimes pour nos paquets; soit 31 $^{1}/_{4}$ pour cent meilleur marché que la moyenne de 59 $^{1}/_{16}$ centimes ci-dessus indiqué pour les paquets de 20 et de 24 cigarettes, dont la moyenne du contenu résulte à 22 cigarettes. Les 3 cigarettes qu'il y a de différence entre cette dernière moyenne et les 25 cigarettes contenues dans les paquets de l'usine « **La Honradez**, » de Saint-Sébastien, constituent pour le consommateur un autre bénéfice de 12 pour cent, qui, ajoutés aux 31 $^{1}/_{4}$ pour cent ci-dessus expliqués, forment pour lui un avantage réel de 43 $^{1}/_{4}$ pour cent.

Supposons que, malgré ce bénéfice de 43 $^{1}/_{4}$ pour cent que l'acheteur trouvera en donnant la préférence aux produits de l'usine « **La Honradez** » de Saint-Sébastien, celle-ci n'aura pas le monopole de la vente au détail dans les quatre provinces indiquées, et qu'elle ne pourra arriver qu'à s'attirer la moitié seulement des fumeurs, estimés ci-dessus au chiffre de 100,000.

Supposons, enfin, que les frais des dépôts vont réduire à 15 centimes le bénéfice extra, déjà indiqué, de 17 c. 90; c'est-à-dire, admettons que chaque paquet aura à supporter 2 c. 90 de frais pour sa vente au détail, soit 19 $^{1}/_{3}$ pour cent sur le prix de 15 centimes de la vente en gros.

Il en résultera évidemment après tout, que sur la vente de 50,000 paquets au détail par jour, il y aura un bénéfice de fr. 7,500; soit fr. 2,737,500 dans l'année de 365 jours.

Ce dernier chiffre, réuni aux fr. 10,658,000 du résultat de 20 heures de fabrication par jour dans l'usine de Saint-Sébastien (*Remarque II*e), forme un total de fr. 13.395 500 de bénéfices annuels de l'entreprise; qui, sur fr. 3,000,000 du capital effectif, équivalent à 446 $^{3166}/_{00}$ pour cent par an, soit 37 $^{2097}/_{00}$ pour cent par mois, ou 1 $^{2205}/_{00}$ pour cent par jour.

Il y a un attrait que l'usine de Saint-Sébastien pourrait offrir à ses acheteurs au détail dans les quatre provinces énoncées, et qui lui assurerait sans aucun doute le monopole de cette vente.

Ce serait de rembourser en chèques payables par la grande Compagnie anglaise « The Assurance Bank » les montants de tous achats.

L'Assurance Bank convertit ces chèques en obligations de fr. 100 au porteur, payables en argent, en 60 tirages ayant lieu le 15 janvier de chaque année successive, après les dates respectives des obligations, *lesquelles sont en tout temps escomptées par ladite Compagnie.*

L'acheteur serait ainsi certain de rentrer un jour dans la dépense qu'il aurait faite en cigarettes de la marque « **La Honradez** », et l'usine de Saint-Sébastien, qui serait la seule à offrir cet avantage dans le pays, en s'assurant par ce moyen le monopole de la vente au détail, obtiendrait le résultat suivant, en compensation de la prime qu'elle aurait à payer à l'Assurance Bank :

100,000 paquets vendus à 45 centimes.		fr. 45,000
à déduire :		
Prix des 100,000 paquets en gros. . . . . fr.	15,000	
Droits d'entrée sur le tabac contenu dans 2,500,000 cigarettes, plus 10 % pour pertes en déchets, poussière, etc.	12,100	
Prime à payer à l'Assurance Bank ; 10 % sur 45,000 fr. (sous réserve de discuter cette prime avec ladite Compagnie).	4,500	
Frais de la vente des 100,000 paquets au détail ; soit 2 c. 90 par paquet.	2,900	34,500
Bénéfice par jour . . . . fr.		10,500

soit ; fr. 3,832, 500 dans l'année de 365 jours.

En réunissant ce chiffre imposant aux fr. 10,658,000 ci-dessus démontrés, comme résultat du travail de 20 heures par jour dans l'usine de Saint-Sébastien, nous arrivons au total énorme de fr. 14,490,500 de bénéfices annuels ; qui, sur le capital effectif de fr. 3,000,000, équivalent à 483 $^{166}/_{00}$ pour cent par an, soit 40 $^{2513}/_{00}$ pour cent par mois, ou 1 $^{3233}/_{00}$ pour cent par jour.

Au lieu du remboursement au moyen de la combinaison de l'Assurance Bank, dont il vient d'être parlé, on pourrait encore, pour arriver à avoir le monopole de la vente au détail, réduire à 40 centimes le prix du paquet de 25 cigarettes, dites

« Camélias, » n. 16 nouveau de « **La Honradez** » Ceci augmenterait de 16 $^{40}/_{00}$ pour cent pour l'acheteur le bénéfice de 43 $^{1}/_{4}$ pour cent expliqué plus haut, et le ferait monter à 59 $^{65}/_{00}$ pour cent, tout en donnant à la Compagnie le résultat suivant :

100,000 paquets vendus à 40 centimes . . . . fr. 40,000

à déduire :

Prix des 100,000 paquets en gros	fr.	15,000	
Droits d'entrée sur le tabac ; comme ci-dessus		12,100	
Frais de la vente des 100,000 paquets au détail ; comme ci-dessus		2,900	
			30,000
Bénéfice par jour.	fr.		10.000

soit ; 3,650,000 fr. dans l'année de 365 jours.

Ce chiffre, réuni aux fr. 10,658,000 du bénéfice de 20 heures de travail par jour pendant l'année, forme un total de fr. 14,308,000 de bénéfices annuels ; qui, sur le capital effectif de fr. 3,000,000, constituent 476 $^{9333}/_{00}$ pour cent par an ; soit 39 $^{7444}/_{00}$ pour cent par mois, ou 1 $^{3006}/_{00}$ pour cent par jour.

IV

A la Havane, la fabrique « **La Honradez** » vend maintenant en gros ses cigarettes, dites « Camélias », grandeur n° 16 ancien, de 6 $^{1}/_{2}$ centimètres de longueur et 6 millimètres de grosseur, contenant en moyenne 45 centigrammes de tabac, au prix de 12 $^{1}/_{2}$ centimes le paquet de 22 cigarettes faites à la main.

La proportion relative du prix à la Havane du paquet de 25 cigarettes est donc de 0 fr. 14 centimes 2045.

L'exportation doit en outre payer l'emballage (?), les frais de transport aux quais (?), les frais de transport à bord (?), les droits de sortie (2 $^{1}/_{2}$ %), l'assurance maritime (1 % au minimum), la commission d'achat (2 $^{1}/_{2}$ % au minimum), les frais de débarquement aux ports destinataires (?), etc., etc.

Toutes ces charges (emballage excepté), qu'on doit supputer au minimum de 10 pour cent, font monter ledit prix de 0 fr. 14. c. 2045, à 0 fr. 15 c. 6249 pour le paquet de 25 cigarettes Camélias, n° 16 ancien de « **La Honradez.** »

Il est donc évident que l'acheteur doit préférer prendre à Saint-Sébastien, et au prix de 0 fr. 15 centimes le paquet de 25 cigarettes Camélias, n° 16 nouveau, de

« **La Honradez;** » car, outre les avantages en dimensions et en poids qui viennent d'être expliqués, il y trouvera un bénéfice de 0 fr. 0 c. 6249 (soit 4 $^{16}/_{00}$ pour cent), n'ayant pas en outre, à payer les frais indiqués pour les achats faits à la Havane (l'emballage excepté), ni à subir les retards, la perte d'intérêts et les inconvénients de la situation de fonds à envoyer à l'avance en Amérique.

Mais cet avantage de 4 $^{16}/_{00}$ pour cent est beaucoup plus important par la raison suivante :

Dans la fabrique « **La Honradez** » de la Havane, les cigarettes de 7 centimètres de longueur et 7 millimètres de grosseur, portent le n° 24 ancien, qu'on distingue sous le nom de « Dedaleras. » — Leur prix actuel en gros en fabrique est de 0 fr. 17 cent. 7415, le paquet de 25 cigarettes. Or, si les cigarettes de cette dimension (qui sont les Camélias n° 16 nouveau), se vendent à Saint-Sébastien en gros à 0 fr. 15 cent. le paquet de 25, il est évident qu'il y aura pour l'acheteur de l'Espagne un bénéfice réel de 0 fr. 02 cent. 7415 par paquet, soit 18 $^{2743}/_{00}$ pour cent, outre les 4 $^{16}/_{00}$ pour cent déjà mentionnés ; ce qui donne un avantage total de 22 $^{4343}/_{00}$ pour cent pour les achats faits à la fabrique de Saint-Sébastien.

V

Il y a encore l'attrait du remboursement, que la fabrique de Saint-Sébastien peut offrir aussi aux acheteurs espagnols en gros, qui ne le trouveraient pas à la Havane.

Ce remboursement serait fait, comme pour la vente au détail, en retournant en chèques payables par la compagnie anglaise « THE ASSURANCE BANK , » les montants des factures de tous acheteurs qui prendraient le paquet de 25 cigarettes au prix de 0 fr. 16 centimes 50 (soit avec une augmentation de 10 pour cent sur le prix de 15 cent.), ce qui serait encore au-dessous du prix de vente en fabrique à la Havane (0 fr. 17 cent. 7415), d'après ce qui a été expliqué.

VI

Si, dans le but d'offrir encore plus d'avantages aux acheteurs en gros, on leur vendait **en fabrique à Saint-Sébastien** à **12** $^{1}/_{2}$ cent. le paquet de **25** cigarettes

« Camélias, » n° 16 **nouveau, authentiques de la marque « La Honradez, » de la Havane, faites par les machines-Susini,** pesant chacune **55** centigrammes de tabac et mesurant **7** centimètres de longueur et **7** millimètres de grosseur ; c'est-à-dire, si on donnait ces paquets NONOBSTANT LEURS AVANTAGES EN NOMBRE DE CIGARETTES, EN FAÇON, EN PROPRETÉ, EN POIDS ET EN DIMENSIONS, AU MÊME PRIX auquel on vend actuellement en gros *à la fabrique* « **La Honradez** » *à la Havane* les paquets de **22** cigarettes « Camélias, » n° 16 *ancien*, faites *à la main*, pesant chacune **45** centigrammes de tabac et mesurant **6** $^1/_2$ centimètres de longueur et **6** millimètres de grosseur, il y aurait encore un bénéfice de fr. 16,700 par jour dans l'usine de Saint- Sébastien, si on y travaillait 20 heures par jour ; voir :

500,000 Paquets à 12 $^1/_2$ cent.		fr.	62,500
Débours du travail de jour.	fr. 24,000		
— du travail de nuit.	21,800		45,800
Bénéfice		fr.	16,700

soit; fr. 6,095,500 dans l'année de 365 jours ; ce qui équivaut à 203 $^{1833}/_{00}$ pour cent par an sur le capital effectif de fr. 3,000,000.

VII

Le capital employé dans l'entreprise ne saurait jamais être exposé à aucune perte sérieuse, pour les raisons suivantes :

1° — Parce que les machines-Susini, qui absorberont la plus grande partie du capital, seront introduites à l'usine *pour leur prix matériel de construction*, sans aucune augmentation pour les droits de brevet d'invention appartenant à M. de Susini. Elles auront ainsi, à toute heure, leur valeur d'introduction dans l'usine, quand même il faudrait les vendre, dans le cas, presque impossible, d'une liquidation de la société.

M. de Susini estime ses machines, pour la vente, à 10,000 francs chacune, droit de brevet compris. Il a même déjà des offres de 12,000 et 12,500 francs pour quelques-unes destinées au Brésil, au Chili, à l'Espagne, au Portugal et à l'Uruguay. Il n'a pas accepté ces offres, parce qu'avant tout, il désire avoir des machines pour les besoins de sa propre fabrique à la Havane, et parce qu'il est bien entendu qu'en établissant l'usine de Saint-Sébastien, il ne donnera à personne en Espagne le droit d'y employer les machines de son invention.

2° — Parce qu'une autre très-grande partie du capital sera toujours employée en tabac Cubain haché et en papier à cigarettes, qui sont des articles d'une vente facile, à toute heure et sans perte.

3° — Parce que le capital roulant se retrouvera toujours, soit en espèces dans la caisse de l'usine; soit chez son banquier; soit en comptes courants avec des correspondants de premier ordre, acheteurs en gros de cigarettes dans les provinces d'Espagne; soit en cigarettes fabriquées et portant la marque authentique « **La Honradez** » de la Havane, dont il n'est pas possible de douter que l'écoulement puisse s'effectuer aux prix et conditions indiqués dans ce projet, qui sont beaucoup plus favorables que ceux qu'on trouverait en s'adressant directement pour les achats même à la maison de M. de Susini à la Havane, en raison de ce qui est dit au § 3, 4 et 5, de la Remarque IV.

4° — Parce qu'il est évident, d'après ce qui précède, qu'il ne pourrait, en aucun cas, exister d'autre perte que celle des frais d'installation (calculés à fr. 25,000 dans le devis), et la différence qu'il pourrait y avoir entre le prix de l'achat et celui de la vente de la machine à vapeur et du matériel de grosse mécanique, qui sont estimés largement à fr. 100,000 dans ledit devis.

5° — Parce que M. de Susini offre non-seulement sa garantie personnelle pour les fonds des actionnaires de la Compagnie, afin de leur assurer le remboursement intégral avec les intérêts à cinq pour cent par an, en toute circonstance; mais encore parce qu'il leur hypothèquera le brevet espagnol de 15 ans pour l'invention de ses machines à cigarettes et à empaqueter, et la patente espagnole de sa marque « **La Honradez** », connue universellement comme la plus importante de la Havane. — (Le brevet desdites machines ne vaudra pas moins de 5 millions de francs, et la patente de la marque « **La Honradez** » vaut bien un million et demi.)

VIII

Les machines-Susini à cigarettes ne sauraient être construites pour fonctionner dans l'usine qu'à raison de 20 ou de 25 par mois successivement, à compter des premiers cinq ou six mois après la signature du contrat de société.

Conséquemment, les débours des actionnaires ne sauraient jamais arriver aux trois millions de francs énoncés dans le devis, comme capital effectif de l'entreprise.

Ces débours seront bien probablement au-dessous dudit chiffre de trois millions de francs ; d'abord, parce que les approvisionnements de tabac haché, de papier à cigarettes et d'étiquettes, qui sont les matières les plus importantes pour la fabrication, ne devront être faits que suivant les nécessités du nombre de machines qui seront en fonctionnement ; ensuite, parce que les dépenses et le personnel de l'usine seront dans la même proportion ; et finalement, parce qu'une moitié de la part de bénéfices de la Compagnie, correspondante à M. de Susini, sera dès le commencement des opérations, appliquée à former le complément du capital effectif des trois millions de francs, afin d'épargner ainsi, autant que possible, aux actionnaires, d'avoir à verser des fonds pour compte de l'intérêt qu'ils auront pris dans la Compagnie.

IX

La machine-Susini pour cigarettes genre havanais, après onze ans de persévérance, d'essais et d'études, et après une dépense qui dépasse quatre cent mille francs, est maintenant complétement finie et prête à fonctionner. Elle est solide, pratique et d'une parfaite application industrielle. On peut la visiter tous les jours, de midi à cinq heures du soir, dans les ateliers de son constructeur, l'ingénieur-mécanicien M. Eugène Durand, n° 124, boulevard Montparnasse — et n° 19, rue Campagne-Première. — Paris.

X

La machine-Susini à empaqueter les cigarettes est en voie de construction dans les mêmes ateliers.

Elle sera probablement finie d'ici à trois ou quatre mois. Rien ne fait prévoir qu'elle ne donnera pas des résultats aussi parfaits que la machine à faire la cigarette.

Son usage dans l'usine de Saint-Sébastien procurera encore une économie de fr. 1,500 par jour ; soit fr. 547,500 dans l'année de 365 jours, en supposant qu'on y travaille 20 heures par jour (Voir les devis).

En ajoutant cette somme aux fr. 14,490,500 dont il est question dans l'avant-dernier résumé de la Remarque IIIe, on obtient un chiffre de fr. 15,038,000 de bénéfices annuels; qui, sur le capital effectif de fr. 3,000,000, équivalent à 501 $^{2666}/_{00}$ pour cent par an, soit 41 $^{7722}/_{00}$ pour cent par mois, ou 1 $^{3733}/_{00}$ pour cent par jour.

XI

Les étiquettes des paquets de cigarettes s'emploient généralement assorties de 10 pour cent chromolithographiées et 90 pour cent imprimées ordinaires.

Outre l'espace pris par la marque de fabrique, elles laissent un espace vide, de 7 centimètres carrés, pouvant contenir une impression de 32 lignes de 32 n du corps *six* (*non pareille.*)

Les étiquettes chromolithographiées portent, dans ledit espace, des portraits, des bouquets, des paysages, des dessins capricieux, des photographies et des ornements de fantaisie, le tout colorié.

Une moitié des étiquettes ordinaires imprimées, appelées *étiquettes de fantaisie*, insèrent dans le carré mentionné, des dessins d'actualité, des caricatures, des problèmes d'échecs, de la musique, etc.; et l'autre moitié, apellée *étiquettes de littérature*, y porte des charades, des anecdotes, des fables, des poésies, etc.

Les étiquettes ordinaires imprimées de l'usine de Saint-Sébastien pourraient être divisées en trois classes, savoir: un tiers **d'étiquettes de fantaisie**; un tiers **d'étiquettes de littérature** et un tiers **d'étiquettes de publicité**. On pourrait ainsi obtenir un autre bénéfice de 40 à 50,000 francs par an sur la fabrication journalière de 500,000 paquets.

En effet, si on considère que chaque paquet de cigarettes sera gardé pendant un jour, au moins, dans les poches des fumeurs et qu'ils passeront aussi par leurs mains et sous leurs yeux 25 fois, au moins aussi, c'est-à-dire autant de fois que le nombre de cigarettes contenues dans chaque paquet, on comprendra qu'aucun système de publicité ne pourra avoir une efficacité et une étendue plus grandes que celles faites au moyen des paquets de cigarettes.

Il est donc permis d'espérer qu'il y aurait toujours des demandes d'insertion d'annonces de toute l'Espagne et même de l'Etranger, dans les paquets de cigarettes de la marque « **La Honradez** » surtout si, au commencement, l'on fixait un *très-bas prix* pour ces insertions.

Mettons, par exemple, celui de 2 ½ centimes la ligne pour chaque 1,000 exemplaires, et voyons quel serait le bénéfice que l'on pourrait tirer de ce nouveau système de publicité.

Sur 500,000 paquets de cigarettes de la fabrication journalière, les 450,000 seraient enveloppés dans des étiquettes ordinaires imprimées. Le tiers de ce nombre serait 150,000 paquets, qui à 32 lignes donneraient 4,800,000 lignes; lesquelles au prix de 2 ½ centimes les 1,000 lignes (c'est-à-dire 2 ½ centimes pour une même ligne répétée sur 1,000 paquets) se monteraient à fr. 120 par jour; soit 43,800 francs dans l'année de 365 jours; ceci équivaudrait à augmenter encore de 1 $^{46}/_{00}$ pour cent le bénéfice annuel du capital effectif de fr. 3,000,000.

Cette somme de fr. 43,800, réunie aux fr. 15,038,000 mentionnés dans la Remarque précédente, donne un total de fr. 15,081,800 de bénéfices annuels pour la Compagnie, ce qui, sur son capital effectif de fr. 3,000,000, équivaut à 502 $^{7266}/_{00}$ pour cent par an; soit 41 $^{8938}/_{00}$ pour cent par mois, ou 1 $^{3773}/_{00}$ pour cent par jour.

XII

Pour les démonstrations du présent projet nous avons calculé l'année à 365 jours sans déduire les dimanches et fêtes. On comprendra sans doute que nous avons agi ainsi, parce que nous avons pensé que l'usine de Saint-Sébastien aura à régler sa fabrication journalière de manière à pouvoir couvrir la consommation de ces jours-là, qui, étant de loisir et de repos de travail pour tout le monde, deviennent ceux dans lesquels l'usage de la cigarette est plus constant.

XIII

En indiquant dans le devis, à l'article « Capital effectif nécessaire », le prix de fr. 3,000 pour chaque machine-Susini à cigarettes, nous avons pris le minimum de leur coût de revient. Nous devons cependant ajouter que leur construction ne dépassera pas de beaucoup les 3,000 francs, mais qu'il nous est impossible, quant à présent, de fixer autrement leur prix.

XIV

Les frais de nourriture du personnel n'ont pas été calculés dans le devis, parce que les salaires et les appointements ont été fixés à des taux qui excluent la charge de nourriture dans l'établissement.

XV

Le coût de l'emballage et du transport des cigarettes n'est pas calculé non plus dans le devis, parce que l'acheteur de cigarettes rembourse toujours ces frais.

XVI

L'objet de M. de Susini, en établissant l'usine à Saint-Sébastien, est de profiter de la liberté de commerce qui existe déjà pour le tabac dans cette localité et de faire profiter les acheteurs en gros de toute l'Espagne, de l'avantage de ne pas avoir à payer sur la cigarette le droit différentiel de nationalité, dont elle serait surchargée venant de France ou de tout autre pays non espagnol.

Cette marchandise, introduite en Espagne, venant d'un autre pays, serait considérée comme une production industrielle étrangère, et les droits d'entrée ou d'octroi, dans les provinces, seraient alors plus élevés que si elle était une production nationale.

XVII

Les provinces basques espagnoles jouissent actuellement du privilége de percevoir, sans intervention de la Régie ni des Finances nationales, les droits dont le tabac est passible à son entrée dans lesdites provinces.

Il résulte de cette circonstance une interdiction pour le passage du tabac par leurs frontières vers les autres provinces espagnoles. Il est juste que cette marchandise, venant des provinces basques, paye à la Régie ou aux Douanes nationales le droit établi en général pour son introduction de l'étranger ou des possessions espagnoles d'Outre-Mer.

Peut-être que, nonobstant la liberté de commerce du tabac en Espagne, qui doit commencer le 1er juillet 1870, les provinces basques continueront à jouir de leur dit privilége. Il n'est pas, cependant, douteux pour nous, que la Députation ou Directoire basque accordera à l'usine « **La Honradez** », au moment d'exporter ses produits, soit pour les autres provinces d'Espagne, soit pour l'Étranger, le remboursement des droits payés à son entrée à Saint-Sébastien, par le tabac qui sortira plus tard renfermé dans les Cigarettes.

Ce remboursement est un acte de justice pratiqué dans tous les cas analogues. I est aussi imposé par le devoir que les gouvernements ont toujours d'encourager, d'aider et de donner protection à toute entreprise industrielle ; surtout quand il s'agit d'une exploitation aussi importante que celle de l'usine « **La Honradez** », qui viendra augmenter notablement la richesse du pays, en créant une grande industrie, source d'une foule de métiers secondaires et autres petites industries dans la localité, et en donnant du travail constant dans l'établissement principal, à un nombre très-considérable d'ouvriers des deux sexes et de tous âges.

Le personnel indiqué dans le devis des débours de 10 heures de travail de jour s'élève à 683 individus : Celui des débours pour le travail de 10 heures de nuit, se monte à 524. Les deux chiffres réunis donnent un total de 1,207 individus, enveloppeurs compris, dont 350 peuvent très-bien être des garçons et des jeunes filles, pris à partir de l'âge de 12 ans.

Il est important d'observer que ces 1,207 individus, produisant à l'usine de Saint-Sébastien 500,000 paquets par jour, donnent, pour chacun, la moyenne considérable de 588 $^1/_5$ paquets par jour, tandis que dans les usines où la cigarette se fabrique à la main, l'ouvrier cigarier, travaillant dix heures par jour, ne peut produire que 120 paquets, et qu'en outre ce mode de fabrication à la main exige un personnel considérable pour l'enveloppage, l'emballage et les autres nombreuses manipulations de l'usine.

Or, dans une usine où la fabrication s'exécuterait à la main, la production des 500,000 paquets par jour nécessiterait d'abord l'emploi de 4,166 cigariers faisant chacun 3,000 cigarettes en dix heures, tâche la plus longue que puisse supporter un ouvrier exerçant journellement ce métier fatigant et nuisible à la poitrine et aux yeux.

De plus, lesdites usines fabriquant à la main nécessiteraient, d'après les données mentionnées au devis (p. 7 et 15), l'adjonction d'environ 650 autres individus qui, ajoutés aux 4,166 cigariers ci-essus, font un total de 4,816 ouvriers et employés, tandis que l'usine de Saint-Sébastien n'occupera, pour la même somme de travail, que les 1,207 ci-dessus.

L'énorme réduction de 3,609 individus en faveur de notre usine provient nécessairement de l'emploi des machines-Susini, et explique le chiffre considérable de bénéfices que cette entreprise exceptionnelle est appelée à réaliser.

XVIII

RÉCAPITULATION DES BÉNÉFICES ANNUELS

SUR LE

capital effectif de fr. 3,000,000

D'APRÈS LES DÉMONSTRATIONS FAITES DANS LE PRÉSENT PROJET.

1°

Bénéfice produit par la fabrication de 250,000 paquets de 25 cigarettes ; en travaillant 10 heures par jour ; vendus en gros à 15 centimes; = 164 $^{38}/_{00}$ pour cent par an. (*page* 12.)

2°

Bénéfice produit par la fabrication de 500,000 paquets de 25 cigarettes ; en travaillant 20 heures par jour ; vendus en gros à 12 $^{1}/_{2}$ centimes ; = 203 $^{1833}/_{00}$ pour cent par an. (*page* 22.)

3°

Bénéfice produit par la fabrication de 500,000 paquets de 25 cigarettes ; en travaillant 20 heures par jour ; vendus en gros à 15 centimes ; = 355 $^{2666}/_{00}$ pour cent par an. (*page* 16.)

4

Bénéfice produit par la fabrication de 500,000 paquets de 25 cigarettes; en travaillant 20 heures par jour; dont 450,000 paquets vendus en gros à 15 centimes et 50,000 paquets vendus au détail à 45 centimes; = 446 $^{5166}/_{00}$ pour cent par an. (*pages* 18 et 19.)

5°

Bénéfice produit par la fabrication de 500,000 paquets de 25 cigarettes; en travaillant 20 heures par jour; dont 400,000 paquets vendus en gros à 15 centimes et 100,000 paquets vendus au détail à 40 centimes; = 476 $^{9333}/_{00}$ pour cent par an. (*page* 20.)

6°

Bénéfice produit par la fabrication de 500,000 paquets de 25 cigarettes; en travaillant 20 heures par jour; dont 400,000 paquets vendus en gros à 15 centimes et 100,000 paquets vendus au détail à 45 centimes, mais en remboursant les acheteurs de ces derniers en chèques de « l'Assurance Bank » de Londres; = 483 $^{166}/_{00}$ pour cent par an. (*page* 19.)

7°

Bénéfice produit par la fabrication de 500,000 paquets de 25 cigarettes; en travaillant 20 heures par jour; mis en paquets par la machine-Susini à empaqueter; dont 400,000 paquets vendus en gros à 15 centimes et 100,000 paquets vendus au détail à 45 centimes, en remboursant les acheteurs de ces derniers en chèques de « l'Assurance Bank » de Londres; = 501 $^{2666}/_{00}$ pour cent an. (*pages* 24 et 25.)

8°

Benéfice produit par la fabrication de 500,000 paquets de 25 cigarettes; en travaillant 20 heures par jour; mis en paquets par la machine-Susini à empaqueter; avec 150,000 étiquettes contenant des annonces; dont 400,000 paquets vendus en gros à 15 centimes et 100,000 paquets vendus au détail à 45 centimes, en remboursant les acheteurs de ces derniers en chèques de « l'Assurance Bank » de Londres; = 502 $^{7266}/_{00}$ pour cent par an. (*page* 26.)

BASES

POUR LA

CONSTITUTION D'UNE SOCIÉTÉ EN COMMANDITE.

BASES

POUR LA

CONSTITUTION D'UNE SOCIÉTÉ EN COMMANDITE.

1° — On constituera une Société en commandite, sous la raison de JOSEPH DE SUSINI-RUISECO ET COMPAGNIE, dont l'objet sera celui de l'exploitation industrielle, dans la Péninsule espagnole, des machines-Susini à cigarettes genre havanais, et des machines-Susini à les empaqueter, en fabriquant des cigarettes avec la marque authentique « **La Honradez** » de la Havane.

2° — A l'effet ci-dessus, on établira dès à présent, une usine à Saint-Sébastien, frontière d'Espagne.

3° — Le capital sera de 6,000,000 de francs, divisés en deux séries de 6,000 actions nominatives, de 500 francs chacune.

4° — La première série sera de 6,000 actions nominatives, nos 1 à 6,000, de 500 fr. chacune, payables comme il suit :

125 francs en souscrivant,

125 francs trois mois après la souscription.
125 francs six mois après, dito.
125 francs neuf mois après, dito.

} Sous réserve de réduire ces versements d'après ce qui est expliqué dans la Remarque VIIIe ci-dessus. (*page* 23.)

5° — La seconde série sera également de 6,000 actions nominatives nos 6,001 à 12,000, de 500 francs chacune ; elles seront libérées et elles appartiendront de droit à M. Joseph de Susini-Ruiseco.

6° — La durée de la Société sera de quinze ans ; soit la durée même du brevet des machines-Susini à cigarettes, genre havanais.

7° — Les bénéfices nets de la Compagnie seront divisés par parties égales entre toutes les actions des deux séries.

8° — M. Joseph de Susini-Ruiseco remboursera les 6,000 actions de la première série, n° 1 à 6,000, par tirages annuels, qui commenceront à avoir lieu dans la 5e année, et comme il suit :

1,000 actions à la fin de la 5e année, qui seront remboursées à 500 fr., avec une prime de 50 pour cent.

1,000 actions à la fin de la 6e année, qui seront remboursées à 500 francs, avec une prime de 45 pour cent.

1,000 actions à la fin de la 7e année, qui seront remboursées à 500 trancs, avec une prime de 40 pour cent.

1,000 actions à la fin de la 8e année, qui seront remboursées à 500 francs, avec une prime de 35 pour cent.

1,000 actions à la fin de la 9e année, qui seront remboursées à 500 francs, avec une prime de 30 pour cent.

1,000 actions à la fin de la 10e année, qui seront remboursées à 500 francs, avec une prime de 25 pour cent.

9° — Les actions de la première série, remboursées par M. Joseph de Susini-Ruiseco, deviendront sa propriété personnelle, et il en pourra disposer à sa convenance, jusqu'à l'expiration des quinze années de la durée de la Société. A cette époque il les remboursera à 500 francs à leurs propriétaires.

10° — Les actions nos 6,001 à 12,000 de la seconde série, dont M. Joseph de Susini-Ruiseco aurait pu disposer, seront remboursées à 500 francs par lui, à sa convenance, à partir du commencement de la onzième année.

11° — M. de Susini-Ruiseco aura la direction de la Société commanditaire et de l'entreprise en général, sans pour cela être forcé de rester au siége social ni à celui de l'usine. Il pourra s'y faire représenter, sous sa responsabilité, par un sous-directeur, ou un administrateur, ou des fondés de pouvoir de son choix, mais dont les appointements seront payés pour compte de la Compagnie, et il lui sera loisible de s'occuper de toute autre affaire ou entreprise quelconque qui lui conviendra.

12° — Le siége social de la Compagnie sera à Paris.

13° — Les banquiers de la Compagnie seront.......

14° — Les inventaires généraux de la Compagnie auront lieu les 30 juin et les 31 décembre de chaque année, pour assigner à chaque actionnaire son partage dans les bénéfices et lui faire le dividende de ceux du semestre antérieur.

15° — A partir de la fin de la quinzième année, M. Joseph de Susini-Ruiseco restera seul dans l'exploitation de l'entreprise, pour son compte personnel, à moins qu'il puisse lui convenir de former une nouvelle Société. Dans ce dernier cas, les actionnaires de la première auront le droit de préférence pour la nouvelle souscription.

Paris, le 10 *juin* 1869.

J. DE SUSINI-RUISECO.

121, Boulevard Haussmann.

ANNEXES

1°

LA MACHINE A CIGARETTES SUSINI.

6

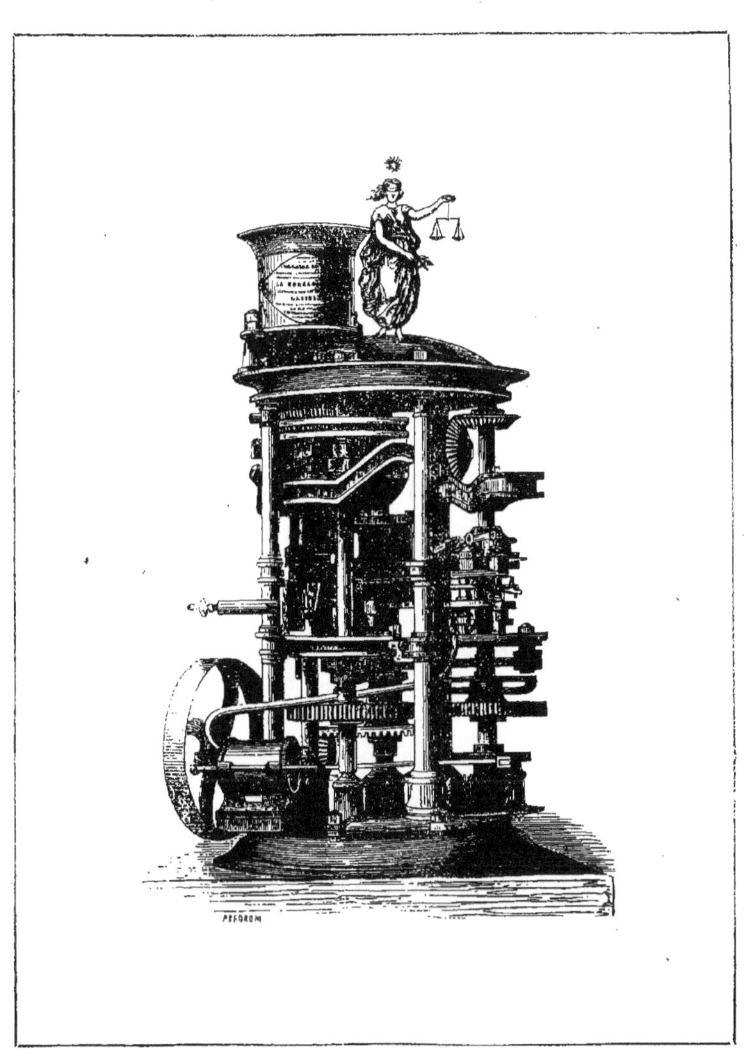

MACHINE A CIGARETTES SUSINI.

ANNEXES.

1°

JOURNAL L'ART INDUSTRIEL.

Paris, le 1er Octobre 1868.

LA MACHINE A CIGARETTES SUSINI.

« Il semblerait que la fabrique d'un objet aussi simple que la cigarette dût constituer » l'industrie la moins compliquée qui soit au monde ; je l'avais toujours cru, et je le » croirais encore si je n'avais visité dernièrement, à la Havane, la magnifique manu- » facture de M. de Susini, un Corse d'origine, presque un Français, et dans tous les cas » un industriel hors ligne.

» Fondée il y a une douzaine d'années, avec un capital insignifiant, cette manufacture » qu'on appelle « la Honradez, » — *L'honorabilité,* — en est arrivée aujourd'hui à fabri- » quer *trois millions de cigarettes par jour.* C'est assez dire quelle rare intelligence a » présidé à sa direction... »

Ainsi s'exprimait l'honorable et savant M. de Lasteyrie, de l'Institut, dans le journal l'*Opinion nationale* du 9 août 1866, et c'est assez dire l'importance que doit avoir la manufacture de M. de Susini, et quelle doit être l'étendue de l'industrie de la cigarette à la Havane.

Un seul établissement particulier faisant par jour *trois millions de ces petits rouleaux de papier contenant une pincée de tabac, vuelta abajo !*

Au prix de soixante-quinze centimes que coûte dans les bureaux de tabac en France le paquet de trente cigarettes, cette production représenterait une vente journalière de soixante-quinze mille francs.

La fabrique de M. de Susini a été honorée des titres de Royale et Impériale, par S. M. Catholique espagnole, S. M. Portugaise, S. M. l'Empereur Maximilien, S. M. le Roi des Deux-Siciles. — S. M. l'Empereur Napoléon lui a accordé aussi le brevet de fournisseur de S. M. I.

Elle est la seule qui ait été distinguée, par le Conseil municipal de la Havane, du privilége qui l'autorise à se servir de l'écusson officiel des armes de la ville, comme haute récompense civique ; la seule qui, par un décret spécial de S. M. Catholique, peut user des armes personnelles de ladite Majesté ; la seule aussi qui possède la permission officielle d'avoir une garde armée, composée de ses ouvriers et commandée par des officiers choisis parmi ses propres employés ; la seule encore qui, pour ses besoins exclusifs, publie un grand bulletin officiel mensuel de seize pages de texte, composé et stéréotypé dans l'établissement, qui y est imprimé à la vapeur et tiré à dix mille exemplaires pour être distribué gratis à ses clients.

Nous pouvons donc dire que M. de Susini est le chef d'un établissement industriel de premier ordre, le plus important peut-être des possessions espagnoles d'Outre-Mer et l'un des plus grands du monde manufacturier.

En effet, dans la fabrique *la Honradez* on occupe en moyenne 2,500 ouvriers, divisés en cigariers, enveloppeurs, mouleurs, machinistes, forgerons, ferblantiers, imprimeurs, lithographes, graveurs, dessinateurs, stéréotypeurs, peintres, charpentiers, tonneliers, scieurs, maçons, cartonniers, relieurs, colons asiatiques, etc.., et *pas un seul esclave*, tous travaillant dans des ateliers différents et dans l'intérieur de bâtiments dépendants de la fabrique.

Outre ce personnel, M. de Susini a demandé à M. le Gouverneur civil cinquante orphelins, pour les nourrir, les habiller, faire leur éducation, et leur apprendre un métier selon leurs inclinations respectives. Il s'est même efforcé de voir s'il pourrait arriver à employer pour la production de son usine, 250 petites filles (enfants trouvés), de la maison royale de *la Maternité*. Enfin il a déjà employé cinquante femmes délaissées, mères de petits enfants, et il donne du travail à diverses familles pauvres de la ville et des environs.

En présence du développement de l'industrie cigarière répandue en tant de contrées, où elle nécessite le concours d'un nombre prodigieux de travailleurs, on comprend les avantages immenses, incontestables de la machine-Susini.

Depuis longtemps les efforts de cet éminent industriel tendaient à créer une machine qui réalisât le difficile problème de remplacer la main de l'homme dans la fabrication de la cigarette. Il n'ignorait pas que beaucoup d'ingénieurs, de mécaniciens, d'hommes pratiques, tels que Adorno, Bariquand, Basset, Bathias, Cabinel, Cort, Dupuy, Ewing, Ferro, Lopez, Lucio, Maigrot, Obradors, Pimentel, Silva, Sutton, Thirion, Trasher, Webster, etc., l'avaient devancé en différents pays sans pouvoir réussir à construire une machine parfaite, d'une application pratique, industrielle, et permettant de réaliser une notable économie sur la fabrication manuelle.

Toutefois, M. de Susini ne se laissa pas décourager par ces précédents infructueux. Animé de cette persévérance, de cette force de volonté qui caractérisent les hommes transcendants, il partit il y a dix ans de la Havane, et vint à Paris, dans le but de lutter, lui aussi, contre les difficultés jusqu'alors insurmontées. C'est ainsi que, sous son inspiration, après mille alternatives, modifications et perfectionnements, fut réalisée la construction de sa curieuse machine admise et médaillée (quoique inachevée encore) à l'Exposition universelle de 1867, perfectionnée *complétement* depuis par l'ingénieur M. Eugène Durand, et qu'on peut présenter comme le fruit d'une persévérance vraiment héroïque, car M. de Susini n'a pas enfoui dans cette entreprise moins de 400,000 francs avant de toucher au succès.

Ce chiffre peut paraître énorme, et de fait on construirait aujourd'hui plus de cent machines semblables pour le même prix; mais outre que cet appareil exigeait des conditions essentielles de solidité et de facilité de mécanisme, pour permettre une production quotidienne considérable et obvier aux dérangements provoqués par la mise en marche par des ouvriers inexpérimentés et sans soin, il faut aussi envisager que M. de Susini a dû, en cette circonstance, s'adjoindre le concours et les lumières d'ingénieurs mécaniciens, dont les tentatives et applications pratiques ne concordaient pas toujours avec les démonstrations théoriques; qu'en outre, M. de Susini, voulant à tout prix réussir, n'a pas hésité à patronner et subventionner divers inventeurs qui, trop présomptueusement, affirmaient avoir obtenu la solution du problème et dont les appareils, tous sans exception, devaient être abandonnés, attendu qu'ils ne donnaient point des résultats concluants et pratiques.

Tel est l'historique sommaire de la création de cette ingénieuse machine. dotée — à si juste titre — du nom de son propriétaire et inventeur, et dont nous donnons le dessin ci-dessus.

D'un petit format — 50 cent. de diamètre sur 75 de hauteur à peu près, — fonctionnant sans bruit, elle fixe néanmoins l'attention générale par son aspect gracieux et les méandres de son mécanisme, presque incompréhensible au repos. Mais la vapeur lui ayant donné de l'impulsion, aussitôt s'accomplissent automatiquement les opérations multiples que nécessite la fabrication d'une cigarette. Une minute s'est à peine écoulée que déjà vingt ou trente cigarettes sont faites, soit 1,500 en une heure et en une journée 36,000, représentant la somme de travail de 12 hommes occupés dix heures par jour à raison de 3 fr. 78 c., c'est-à-dire permettant de réaliser plus de 45 francs de bénéfice par jour.

Il faut considérer que cette économie obtenue par M. de Susini dans la substitution des machines au travail manuel n'est pas profitable qu'à lui seul; c'est aussi un progrès humanitaire. En effet, les ouvriers qui roulent les cigarettes ont constamment le nez au-dessus du tabac haché très-fin, dont il respirent la poussière. Cette poussière pénètre dans les voies respiratoires et les empoisonne lentement. L'emploi de cette machine aura donc sous ce rapport un très-heureux résultat, et encore les bras qui deviendront disponibles de ce côté seront rendus à l'agriculture, l'île de Cuba manquant de bras à ce point, que l'on est obligé de faire venir des ouvriers des Indes ou de la Chine. Pour sa part, M. de Susini occupe trois cents Chinois parmi le personnel de son usine.

Après avoir donné les dimensions de la machine-Susini, nous devons expliquer son organisation. — Son bâtis se compose d'une plate-forme circulaire inférieure en fonte, réunie à une plate-forme supérieure semblable par quatre colonnes en fer tournées. Tout le mécanisme est compris là-dedans, et en tournant à la main une manivelle, quand on n'emploie pas la vapeur, on donne le mouvement à tous les organes qui opèrent le travail.

Le premier organe est une *trémie* ou réceptacle circulaire supérieur, à fond intermédiaire mobile, où se met le tabac destiné aux cigarettes. Il doit être haché mince, mais le tabac français à filaments pourrait parfaitement convenir depuis la complète perfection de la machine, à laquelle on va ajouter un appareil à couper ou à hacher le tabac en feuilles. La trémie dans laquelle on place le tabac étant fixe, elle possède un double fond percé, dans tout son pourtour, de trous de la grosseur des cigarettes. C'est ce double fond qui, tournant, apporte le tabac en regard d'un orifice unique du fond fixe, où une baguette, qui s'abaisse chaque fois qu'un trou du fond mobile se présente, fait tomber le tabac dans un petit couloir incliné qui le conduit dans un entonnoir, juste au-dessus du tube de papier, qui a été formé dans un moule spécial et où une seconde baguette enfonce le tabac chaque fois qu'il en arrive, jusqu'à ce que le tube de papier soit plein.

Il y a dans la trémie un agitateur à quatre ailes, qui amène constamment le tabac vers la circonférence où sont placés les trous à travers lesquels il doit être poussé.

Le second organe, dont les fonctions sont très-curieuses, est celui qui forme les tubes en papier pour recevoir le tabac et celui qui replie les extrémités inférieures de ces tubes. Le papier, découpé d'avance en petits rectangles, est placé debout dans une boîte fermant à coulisse, qui peut contenir deux mille cinq cents feuilles. Elles sont poussées en avant par une petite planchette sur laquelle agit un ressort ou un contrepoids. Du côté opposé, elles sont retenues par une autre petite planchette creuse, percée sur sa face intérieure de petits trous que bouche le papier.

Un tube en caoutchouc, communiquant avec une pompe pneumatique, est fixé à la petite planchette du côté extérieur, et lorsque la pompe agit, la première petite feuille de papier adhère, par l'effet de l'aspiration, sur la planchette, qui se déplace latéralement en entraînant le papier, tandis que les autres feuilles sont arrêtées par une petite tringle qui avance au même moment, pour se retirer quand la planchette reviendra.

Il y a trois tubes métalliques qui servent de moule ou d'enveloppe à la petite feuille de papier. Ils changent de place pour chacune des trois opérations suivantes :

1° Pour l'enroulement de la feuille de papier ;

2° Pour recevoir le tabac ;

3° Pour replier l'extrémité supérieure du tube de papier quand la cigarette est remplie.

Dans la première position, lorsqu'un des moules est arrêté et présente une fente longitudinale à la planchette mobile, une baguette, possédant une fente analogue, descend dans le moule. A ce moment, la planchette approche et fait entrer le bord de la feuille, qui la dépasse, dans la fente du tube et celle correspondante de la baguette. Cette dernière tourne aussitôt entraînant la feuille et forme le tube de papier, puis elle remonte et la planchette revient à sa place. Au même moment, des petits doigts très-agiles viennent replier le bas du tube de papier, afin que le tabac n'en sorte pas.

Je dois ajouter qu'avant l'enroulement du tube de papier, la planchette qui entraîne la feuille s'arrête un moment, pendant lequel un timbre vient imprimer sur cette feuille la marque de fabrique ou toute autre empreinte.

Les trois moules sont alors entraînés par le plateau qui les porte. Ils changent de place et chacun d'eux décrit un tiers de tour de circonférence. Alors le premier, contenant le tube de papier qui vient d'être formé, arrive sous la trémie pour se faire emplir de tabac, comme il est expliqué plus haut, et celui qui contient le tube plein de tabac s'arrête, pour que des petits doigts, semblables à ceux qui l'ont déjà replié en bas, viennent former le pli du haut de la cigarette. Elle est alors terminée et tombe dans un tube qui la conduit dans une caisse placée sous la machine.

Tout ce travail se fait sans bruit, lestement et correctement. Les mouvements sont parfaitement combinés avec engrenages, leviers, galets, tous bien agencés et fonctionnant avec une irréprochable régularité. On a ingénieusement évité d'employer des ressorts qui, par leur retrait, produisent toujours des secousses nuisibles à la longue, et finissent par se détendre et dérangent l'harmonie du mouvement.

En dehors du merveilleux résultat de cette invention acquise, il est vrai, au prix de dix années de labeurs et de sacrifices, M. de Susini n'en mérite pas moins des éloges au point de vue philanthropique, bien que la main-d'œuvre soit supprimée au bénéfice de la machine.

Personne n'ignore combien est grand dans les pays producteurs de la cigarette le nombre des victimes de cette industrie. L'immobilité que doit observer, pendant dix heures consécutives de travail, l'ouvrier occupé à rouler les cigarettes, l'obligation de demeurer penché sur son ouvrage, la poitrine constamment courbée, l'absorption continuelle du tabac, dont une partie se convertit en poussière impalpable sous les doigts du travailleur, et, en pénétrant dans ses poumons, exerce sur ses bronches une action délétère ; toutes ces causes ne tardent pas à déterminer chez la plupart d'entre eux des affections morbides qui altèrent leur constitution d'une façon irrémédiable et occasionnent fréquemment la phthisie, la laryngite ou attaquent les organes de la vue. Grâce à la machine-Susini, désormais plus de ces dangers dans la fabrique *la Honradez*, où ces précieux auxiliaires mécaniques vont remplacer onze cents hommes exclusivement employés à rouler et à mettre en paquets les trois millions de cigarettes que cet établissement fournit quotidiennement.

Donc, économie de temps dans une proportion énorme, absence de dangers pour les ouvriers confectionneurs, et bénéfice pécuniaire considérable, dont doit profiter le public consommateur.

Enfin, en réponse aux objections touchant les moyens d'existence de l'ouvrier, d'autres industries d'une nécessité plus absolue, d'un intérêt plus majeur que celui de la cigarette, l'agriculture principalement, doivent nécessairement prendre un nouvel essor en utilisant ce surcroît d'auxiliaires. Cette considération est d'une très-grande portée dans un pays aussi dénué de bras que la grande Antille espagnole.

Certes, c'est là un résultat dont on peut se montrer fier, alors que dix-neuf inventeurs, sans compter tous ceux dont les noms se sont perdus dans l'oubli, ne sont arrivés à construire que des machines imparfaites, laissant à la main-d'œuvre un contingent d'exécution que ne résolvait nullement la question primordiale, l'économie, en sorte que leur emploi usuel et commercial n'était pas admissible.

Outre son aspect avantageux et sa dimension restreinte, qui en rend le transport commode et facile, la machine-Susini se distingue aussi par une solidité de construction précieuse en vue de son service journalier et excessif. Du reste, comme modèle et comme ensemble, elle diffère absolument de toutes celles imaginées jusqu'à ce jour en vue du même objet. On peut l'appeler un chef-d'œuvre de mécanique, dont M. Eugène Durand, son constructeur, doit être fier.

On nous excusera facilement, il faut l'espérer, de nous étendre aussi longuement sur une machine à cigarettes, car l'aperçu suivant sera plus éloquent que tout ce que nous pourrions ajouter.

La somme énorme de trois millions de cigarettes que produit journellement la fabrique *la Honradez*, donne, comme nous l'avons dit, de l'occupation à 2,500 ouvriers, parmi lesquels 1,000 sont employés à rouler les cigarettes. Ceux-ci travaillant dix heures par jour et faisant, en moyenne, cinq cigarettes à la minute, peuvent gagner journellement 72 centièmes de piastre (3 fr. 78). Il en résulte que M. de Susini, dans les seuls ateliers de confection de cigarettes de son grand établissement, dépense, par jour, une somme de 720 piastres, soit 3,780 francs.

Généralement, les cigarettes s'empaquètent en rouleaux de vingt-cinq. Les trois millions de cigarettes produites par jour représentent par conséquent cent vingt mille rouleaux, et les ouvriers occupés à ce dernier travail gagnent, par cent paquets, 12 centièmes et demi de piastre (0 fr. 65 $^5/_8$).

Un ouvrier fait, en moyenne, douze cents paquets par jour, et il gagne ainsi une piastre et demie (7 fr. 87 c.). D'après cette donnée, cent ouvriers sont nécessaires pour produire les cent vingt mille paquets ci-dessus mentionnés, et, en conséquence, la fabrique royale et impériale *la Honradez* paie journellement, pour le seul département de l'enveloppage, 150 piastres (787 fr. 50 c.).

Ceci bien compris, il en résulte que la seule fabrique de M. de Susini doit faire chaque jour les paiements ci-après :

Pour la confection de trois millions de cigarettes....................	3,780 fr. 00
Pour leur concentration en cent vingt mille paquets.............	787 fr. 50
Total.........................	4,567 fr. 50

Maintenant, quand nous considérons que la fabrique *la Honradez* de la Havane, qui est sans conteste la plus importante, la plus notable et la mieux montée du pays, ne représente que la dixième partie de l'industrie de la cigarette de la Havane, on voit que la somme ci-dessus se décuple et s'élève à 45,675 francs de main-d'œuvre journalière, et à 13,702,500 fr. par an dans ladite ville. — Et cela — rappelons-le — pour la seule partie de cette industrie qui se rattache au roulage et à l'enveloppage.

Cette somme s'élèvera encore au double (soit 91,350 fr. par jour, et 27,405,000 fr. par an), si l'on tient compte de la production dans tout le reste de l'île de Cuba, et spécialement dans les villes les plus importantes de ladite Antille, telles que Bejucal, Cardenas, Cienfuegos, Guanajay, Holguin, Matanzas, Puerto-Principe, Sagua, Santiago de Cuba, Sancti Spiritus, Trinidad, Villa Clara, etc., qui, toutes ensemble, nous voulons nous borner à le supputer, ne produisent en cigarettes qu'une quantité égale à celle de la capitale seulement.

On peut juger par là quelle est l'importance de l'industrie de la cigarette dans la grande Antille espagnole.

A combien pourrions-nous élever ce chiffre, si nous y ajoutions ce qui se fabrique au Chili, en Espagne, au Mexique, au Pérou, à Puerto-Rico, à l'Uruguay, au Venezuela, et dans d'autres pays d'origine espagnole, pour l'enroulage et l'empaquetage des cigarettes?

N'ayant pas de données exactes, nous le supposerons, dans son ensemble, d'une somme égale à celle dépensée dans l'île de Cuba seulement, et nous arriverons, sans aucune exagération, à 54,810,000 fr. Ajoutons ce que peut coûter la fabrication de la cigarette dans d'autres pays, particulièrement en Algérie, au Brésil, aux États-Unis, à Gibraltar, en Portugal, en Suisse et en Allemagne, où cette industrie est assez considérable, à cause de la grande contrefaçon que l'on y fait des marques de l'île de Cuba, surtout de la marque « **La Honradez** »; en estimant que dans ces diverses contrées, l'industrie cigarière ne représente que la moitié de l'importance de ladite île, nous nous trouverons en face d'un chiffre de 68,512,500 francs de façon seulement, dont bien peu de personnes ont probablement idée.

Cette évaluation, qu'aucune statistique officielle ne pourrait mettre à même de contrôler, est toutefois basée sur des quotités inférieures à la réalité, et, malgré cette dépréciation, on voit quel chiffre énorme produit annuellement l'enroulage et l'empaquetage seuls de *ce petit rouleau de papier contenant une « mince pincée de tabac, »* (comme disait M. de Lasteyrie), objet d'une industrie immense, dont l'entité a été regardée jusqu'à ce jour, principalement en Europe, comme insignifiante, sans doute, parce que les calculs qui précèdent n'étaient point connus.

Du reste, la Société des Sciences industrielles, Arts et Belles-Lettres de Paris, dans sa séance du 10 juillet 1868, et sur le rapport de la commission composée de M. le marquis du Planty, président; du docteur Desparquet, secrétaire; de MM. Eug. Paul Haffner aîné et L. D'Aubréville, ingénieurs, vient encore de couronner la machine en accordant une médaille honorifique à M. de Susini, juste encouragement et juste récompense d'un progrès notable dont l'élan a été donné au prix de tous les sacrifices et d'une persévérance au-dessus de tous les éloges. Mais il a fallu, pour mener à bonne fin une telle entreprise, qu'elle fût conçue non-seulement par un homme de bien, mais encore par un de ces industriels que nul obstacle n'épouvante, que nulle défection ne rebute dans l'accomplissement d'une œuvre à la fois humanitaire et scientifique. C'est là le propre des talents et des organisations les plus heureusement doués. Lorsque la fortune et le succès couronnent de tels efforts, il ne reste plus qu'à admirer et rendre hommage à ces infatigables pionniers de la civilisation qui, se jouant de toutes les difficultés d'entreprises considérables, savent se mettre à leur hauteur, et, véritables conquérants de l'industrie, savent également sortir vainqueurs là où le génie seul de l'homme entre en lutte avec les grands problèmes économiques.

2°

UNE

FABRIQUE DE CIGARETTES

A LA HAVANE.

2°

JOURNAL L'OPINION NATIONALE.

Paris, le 9 Août 1866.

UNE FABRIQUE DE CIGARETTES A LA HAVANE.

— Qu'est-ce qu'une cig

— Rien autre chose qu'une pincée de tabac roulée dans un petit morceau de papier.

Il semblerait, n'est-ce pas, que la fabrication d'un objet aussi simple dût constituer l'industrie la moins compliquée qui soit au monde. Je l'avais toujours cru et je le croirais encore, si je n'avais visité dernièrement, à la Havane, la magnifique manufacture de M. de Susini, un Corse d'origine, presque un Français, et, dans tous les cas, un industriel hors ligne.

Fondée, il y a une douzaine d'années avec un capital insignifiant, cette manufacture, qu'on appelle *la Honradez* (l'Honorabilité), en est arrivée aujourd'hui à fabriquer **trois millions** de cigarettes par jour. Le chiffre de ses affaires s'est élevé, l'an dernier, à cinq millions et demi de francs. C'est dire assez quelle rare intelligence a présidé à sa direction.

Autour de ce petit rouleau de papier contenant une pincée de tabac, M. de Susini a groupé successivement une foule d'industries accessoires, où trouvent leur application à peu près toutes les découvertes récentes et les derniers perfectionnements de la mécanique. Outre **deux à trois mille** ouvriers employés au dehors, l'usine centrale en renferme environ trois cents, la plupart Chinois. Cinquante petits orphelins y trouvent aussi l'apprentissage d'un métier utile.

Tous ces ouvriers, régulièrement embrigadés, portent un uniforme composé d'une blouse, d'un pantalon à bandes et d'une casquette à couronne royale, où se trouvent marqués les insignes de leur grade, depuis le premier contre-maître jusqu'au dernier manœuvre, et le nom de l'usine.

A quoi tant de gens peuvent-ils être employés, dans un établissement où toutes les ressources de la mécanique sont déjà mises à contribution pour suppléer au travail de l'homme ?

La seule manière de s'en rendre compte est de suivre un à un tous les détails de la fabrication. M. de Susini en donne très-libéralement la facilité aux étrangers qui visitent la Havane. Il y a un peu d'orgueil, peut-être, dans cette hospitalité. Soit ! M. de Susini a raison, il doit être fier des résultats magnifiques obtenus par lui en si peu d'années.

Voici le récit, aussi fidèle que possible, de ce que j'ai vu chez lui :

Commençons par la matière première, le tabac. Celui-ci provient généralement des petites plantations de la partie occidentale de l'île. Inutile d'ajouter qu'il est de première qualité. Aussitôt arrivé à la fabrique, ce tabac est déposé sur une longue table à cribles, mue mécaniquement, de manière à faire tomber à travers des toiles métalliques de différentes grosseurs tous les corps étrangers qui pourraient se trouver mêlés à la plante. De chaque côté de cette table, et à mesure que la couche de tabac s'avance d'un bout à l'autre, douze ouvriers expérimentés sont incessamment occupés à enlever au passage les feuilles gâtées ou de mauvaise apparence. De la table, le tabac, poussé toujours mécaniquement, passe dans un puissant ventilateur, qui en chasse toute la poussière; puis, au sortir de là, on l'étend en couches très-minces sur une terrasse où le soleil de la Havane a bientôt fait de le sécher complétement.

Rentré ensuite dans une vaste salle, le tabac ainsi séché, tombe, au moyen de vastes entonnoirs, dans un atelier situé à l'étage inférieur, où il doit subir la pression d'une puissante presse hydraulique. Puis, en sortant de la presse, le bloc de tabac comprimé est poussé, par un mouvement de vis presque insensible, sous une grande roue à volants armée de couperets, qui commencent à le hacher. Il passe de là dans un nouveau ventilateur muni d'un réservoir, où une chaîne à godets vient (toujours sans le secours d'aucune main) prendre le tabac ventilé pour le faire passer entre les rouleaux d'acier armés de dents très-fines qui achèvent de le hacher à la grosseur voulue ; il ne lui reste plus alors qu'une préparation à recevoir. Transporté dans une vaste pièce du rez-de-chaussée, on l'arrose d'un liquide aromatique, dont la composition est le secret de la maison. Ce sont des Chinois qu'on emploie à cette besogne. Leur ignorance absolue des matières mises en œuvre est le plus sûr garant de leur discrétion.

La seconde matière première d'une cigarette est le papier. Celui-ci, bien entendu, doit être d'une qualité toute spéciale, et le fabricant ne saurait trop en surveiller la fabrication. M. de Susini, qui en consomme trente-huit mille rames par an, le fait venir d'Espagne. Mais, pour éviter toute contrefaçon, il a soin de toujours faire passer, celui qu'il emploie, sous une presse à filigraner qui lui imprime une marque indélébile. Le papier employé reçoit aussi quelquefois une préparation aromatique au thé, à la réglisse ou à tout autre parfum, destinée à satisfaire le goût particulier de certains consommateurs.

De puissantes cisailles mécaniques coupent, par plusieurs centaines à la fois, les petits morceaux de papier à la grandeur voulue.

Tout est prêt alors pour livrer les cigarettes à fabriquer aux ouvriers du dehors. Ouvriers libres, par ateliers ou en chambre, pauvres gens des établissements de bienfaisance ou pensionnaires du bagne, Dieu sait tout ce qui concourt à cette fabrication. J'ai vu trois cents forçats, noirs ou blancs, dans un seul salon, roulant délicatement dans leurs doigts ces charmantes cigarettes qui doivent bientôt faire les délices de nos épicuriens.

Chaque ouvrier, ayant reçu une certaine quantité de tabac et un nombre proportionné de petits papiers coupés à cet effet, doit rendre à la fabrique un *rond* de cinq mille cigarettes, et il lui reste généralement, en outre, de quoi en faire une cinquantaine que le fabricant lui abandonne pour son usage. En échange de chaque rond de cinq mille, tout ouvrier libre reçoit un jeton de métal échangeable à vue contre six francs, chose si bien connue aujourd'hui à la Havane, que, chez bon nombre de petits marchands, ces jetons sont reçus en payement comme valeur d'échange.

Quant aux cigarettes rendues à la fabrique, il y a naturellement un contrôle pour en vérifier le nombre. Cela se fait en même temps qu'on les met en petits paquets.

M. de Susini a lui-même inventé une très-ingénieuse machine qui découpe à l'emporte-pièce le papier destiné à ces paquets, et le plie toute seule dans la forme voulue. Cependant c'est encore à la main que se fait le plus habituellement cette opération, d'ailleurs fort simple.

Quant au tabac de même qualité destiné aux fumeurs de pipe, une presse à levier fort simple et très-puissante le comprime en tablettes assez semblables de forme à nos tablettes de chocolat. Mais ce tabac est tout à fait une exception dans les usages du pays. C'est presque uniquement le cigare et la cigarette qu'on fume à la Havane.

La marchandise une fois prête sous toutes ses formes, il ne s'agit plus que de l'orner, ce qui se fait avec un grand luxe. Impressions en couleurs, lithographies coloriées, tout est mis en usage et varié à l'infini. Aussi la fabrique *la Honradez* a-t-elle sa propre imprimerie, sa propre lithographie, outillées l'une et l'autre aussi bien que les meilleurs établissements spéciaux de ce genre.

De là est résulté une chose assez curieuse; c'est que voyant M. de Susini si bien monté en presses à filigranes et à impressions de tous genres, le gouvernement colonial en est venu à lui prier de fabriquer ses billets de banque.

Des billets de banque fabriqués dans une manufacture de cigarettes! il faut convenir que c'est assez original.

Cette extension donnée aux travaux de son imprimerie a été, pour l'habile industriel, l'occasion de nouveaux perfectionnements. Ses presses mécaniques n'ont rien à envier aujourd'hui à celles de nos plus grands journaux. L'une d'elles, plus spécialement consacrée aux billets de banque ou de loterie, est pourvue d'un ingénieux mécanisme qui, à chaque épreuve, change tout seul le numéro d'ordre.

J'avais oublié de dire que, comme prime aux acheteurs, M. de Susini s'est imaginé d'imprimer sur l'enveloppe de chaque groupe d'un certain nombre de paquets de cigarettes, un numéro de loterie, correspondant à ceux de la loterie du gouvernement, et donnant droit, d'après les chances du tirage de celle-ci, au payement à bureau ouvert de lots en espèces sonnantes.

Une autre prime, infiniment plus de notre goût, consiste à placer le portrait de l'acheteur sur l'enveloppe des paquets de cigarettes. A cet effet, *la Honradez* possède aussi un atelier de photographie parfaitement monté.

A côté de ces accessoires de pur luxe, il en est beaucoup d'autres, moins élégants sans doute, mais bien plus immédiatement utiles, que je serais d'autant plus fâché de passer sous silence que chacun d'eux est l'occasion d'applications très-intéressantes des procédés mécaniques. Il faut des boîtes, des caisses, des tonneaux même pour enfermer et expédier les cigarettes. Tout cela est fabriqué dans la maison.

Ce sont d'abord les simples boîtes en carton. Une machine à cylindre lamine la feuille de carton, et, au moyen de molettes mobiles, l'entaille à la profondeur et à la forme voulue, pour qu'il n'y ait plus ensuite qu'à plier le carton dans les entailles et à le coller pour le convertir en boîtes.

S'agit-il, au contraire, de ces petites caisses en bois que nous connaissons tous? D'autres machines, des scies mécaniques, des machines à planer s'emparent des morceaux de bois brut, apporté du dehors, pour en faire d'abord une petite planchette fine, légère et bien rabotée. Puis, sans clous ni colle, ces planchettes sont réunies entre elles très-solidement par un assemblage à queues d'aronde, dont les rainures s'exécutent presque instantanément, grâce à un ingénieux système de petites scies circulaires convenablement inclinées.

Il en est de même pour les tonneaux, dont les douves et les planches de fond sont également taillées, rabotées, cambrées, entaillées par des moyens mécaniques très-simples et très-rapides.

Ces innombrables agents mécaniques ont tous pour moteur deux machines à vapeur de la force réunie de trente chevaux, construites aux Etats-Unis d'après les systèmes les plus perfectionnés.

Quant à la machine humaine, dont les autres ne sont pas encore parvenus à dispenser complétement, on n'en use que dans une mesure raisonnable. Pour les ouvriers blancs employés à *la Honradez*, la journée de présence à l'atelier est de onze heures, dont dix doivent être consacrées au travail.

Les Chinois qui sont logés dans la maison sont autorisés à prolonger leur journée jusqu'à dix heures du soir; mais tout ce qu'ils font ainsi, en dehors de leur tâche réglée, leur est payé à part et peut, lorsqu'ils sont actifs, leur procurer en peu de temps des bénéfices assez notables. Aussi les Chinois employés à *la Honradez* sont-ils infiniment plus heureux que la plupart de leurs pauvres compatriotes, dont la traite se fait en grand à la Havane. Ils ont, dans la maison, leur dortoir bien aéré, leur cuisine particulière qu'ils font eux-mêmes, et jusqu'à une piscine pour se baigner.

Les bâtiments de *la Honradez* sont ce qu'il y a de moins beau dans l'établissement. Successivement agrandis par l'adjonction des maisons voisines, ils sont irréguliers, médiocrement commodes et offriraient de grands dangers sous le rapport du feu, si l'intelligente direction n'avait eu soin de se munir de tous les moyens préservatifs indiqués par l'expérience et les découvertes les plus récentes. Outre deux pompes à vapeur et une grande pompe à bras parfaitement outillée, qui a déjà rendu de grands services à la ville elle-même, chaque atelier est pourvu d'un appareil extincteur au gaz carbonique, d'après le système inventé en France par le docteur Carlier.

En cas d'incendie, chaque homme de la fabrique a son poste assigné d'avance et indiqué sur un tableau placé à côté de chaque appareil extincteur.

Disons enfin que la fabrique de M. de Susini a deux gardes de nuit qui font constamment la ronde ; qu'elle est éclairée au gaz, que ce gaz, elle le fabrique elle-même ; que la lumière électrique y est même souvent employée, et que toutes les parties de ce vaste établissement sont mises en rapport entre elles au moyen de télégraphes électriques et acoustiques.

Nous voilà bien loin de la pincée de tabac roulée dans un petit morceau de papier. Assurément ici l'on peut dire que l'accessoire l'emporte de beaucoup sur le principal. N'importe ! C'est en groupant ainsi sous sa propre main toutes les industries dont il pouvait être tributaire, qu'un habile manufacturier, partant presque de rien, est arrivé, en peu d'années, à cette colossale production de plus de un milliard de cigarettes par an.

Le fait m'a paru assez remarquable pour mériter de trouver sa place dans les colonnes de l'*Opinion nationale*. J'espère qu'il intéressera au moins ceux de nos compatriotes qui ne dédaignent pas de fumer la cigarette.

Comte Ferdinand de Lasteyrie,

Membre de l'Institut de France.

3°

NOTES ÉCRITES

DANS LE

LIVRE REGISTRE DES VISITEURS

DE LA

Fabrique Royale et Impériale « La Honradez »

De la Havane.

5°

NOTES ÉCRITES

DANS LE

LIVRE REGISTRE DE VISITEURS

DE LA

Fabrique Royale et Impériale « La Honradez »

De la Havane.

Propriété de M. Joseph de SUSINI-RUISECO.

(Ledit Registre contient 7,838 notes écrites en diverses langues, depuis le 2 juin 1862 jusqu'au 18 juin 1868, par les visiteurs de l'Usine. Celles qui s'y trouvent rédigées en français sont toutes copiées ci-dessous.)

531. — 14 janvier 1864. — H. A. Blount. — Très-reconnaissant de la gracieuse hospitalité des propriétaires de cette belle fabrique.

539. — 19 janvier 1864 — Comte de Pina. — Commandant la Dryade. — Très-reconnaissant de la manière gracieuse dont il a été accueilli et plein d'admiration pour la bonne tenue et l'habileté qui président à la direction de cette superbe fabrique.

543. — 20 dito. — J. A. Jorda. — Négociant; Nouvelle-Orléans. — Très-reconnaissant pour ma bonne réception.

662. — 1er avril 1864. — Jean Morey Vanrell. — Capitaine au longs cours. — Dito.

663. — 6 dito. — Michel Heine. — Banquier; France. — Plein d'admiration pour ce système pratique.

664. — 6 dito. — Edouard Guys. — Négociant. — Dito.

1004. — 31 décembre 1864. Pierre. — Capitaine du 99e de Ligne. = 1005. — Dupond; — Dito. = 1006. — Mondot; Docteur; dito. = 1007. — Lajeunesse de Varennes; Capitaine; dito. = 1008. — Timon; Pharmacien de Marine. = 1009. — E.-B. Laborderie; Lieutenant du 99e de Ligne. = Officiers français rentrant du Mexique. — Remercient de l'excellent accueil qui leur a été fait dans l'établissement. En ont admiré toutes les parties avec le plus grand intérêt.

1167. — 14 mars 1865. — E. Soubry: Capitaine au long cours; — Havre, France. — Je n'ai vu nulle part aucune usine marchant avec autant d'ordre et de régularité.

1506. — 2 août 1865. — C. Belisari: Professeur d'idiomes; — France, Corse. — J'ai remarqué avec beaucoup de plaisir, que c'est une des belles fabriques que j'ai visitées soit en Europe soit en Amérique.

1534. — 20 dito. — B. Roncajolo — Négociant; Marseille. — C'est avec admiration que j'ai visité le présent établissement, et je suis persuadé qu'il est difficile de trouver aucune autre part un développement plus grand d'intelligence et de travail.

1673. — 25 septembre 1865. — Otto Maier. — Négociant; Havane. — Fabrique unique dans son genre.

1791. — 17 octobre 1865. — G. de Maritan. — Commissaire du Gouvernement à bord des Paquebots; Paris. — Félicitations sincères à M. de Susini sur son établissement, qui est remarquable sous tous les rapports.

1792. — 17 dito. — Ernest Martin. — Ex-payeur de l'armée; Paris. — Dito.

1794. — 17 dito. — Theobald Gras. — Capitaine; Lieutenant chargé à bord du Paquebot « La France; » Saint-Nazaire. — Félicitations et remercîments bien sincères à M. de Susini pour son travail et son amabilité.

1892. — 6 novembre 1865. — Magnan. — Capitaine de l'Etat-major général du Corps expéditionnaire du Mexique; Paris. — Nous avons trouvé chez M. de Susini l'accueil le plus cordial, le plus gracieux qui se puisse imaginer. La meilleure preuve que nous puissions en donner, est, que pendant tout le temps qu'a duré notre visite, nous avons *parfaitement* oublié que nous étions si loin de la France et de nos familles. En dehors de l'intérêt que nous a inspiré cette magnifique fabrique, nous avons été profondément touchés, ma femme et moi, de toutes les attentions de M. de Susini pour nous, et nous l'en remercions de tout cœur.

1894. — 6 novembre 1865. — Hellène Hariloff de Magnan. — Paris. — Dito.

1896. — 6 dito. — Lucien Lefebvrier. — Agent des postes à bord des Paquebots transatlantiques ; Paris. — Impossible d'oublier jamais la belle manufacture de M. de Susini après l'avoir visitée une fois.

1902. — 6 dito. — R. de Laisle. — Sous-lieutenant au 1er Chasseurs d'Afrique, armée du Mexique ; Paris. — Je remercie mille fois M. de Susini de son gracieux accueil, et j'emporte de ma visite autant d'admiration pour son établissement, que de gratitude pour la manière dont il m'a fait les honneurs, ainsi qu'à MM. Negrete et de Ajuria qui m'ont accompagné.

1934. — 13 dito. — Le Prince de Jayn Wittgenstein Berlebourg. — Coblentz (Prusse). — Je peux certifier que je n'ai rien encore vu de pareil en fait de fabrique. Les machines, le bon ordre qu'on y remarque et l'amabilité avec laquelle on est reçu par les employés de l'établissement, sont vraiment bien notables.

1947. — 17 dito. — Docteur Couffon, de la Marine Impériale française. — Je prie M. de Susini de vouloir bien agréer l'expression sincère de ma reconnaissance pour l'accueil aimable et bienveillant que j'ai reçu dans son admirable établissement.

1967. — 22 dito. — Seymour de Sanges. — Voyageur; Paris. — On ne peut qu'éprouver une admiration profonde en visitant les splendides ateliers de « La Honradez. » Cette admiration est partagée entre les magnifiques résultats obtenus et la haute intelligence de celui qui les a créés. Gloire à ma patrie qui compte M. de Susini entre ses enfants adoptifs.

1968. — 23 dito. — Auguste d'Ouville. — Négociant; New-York. — La grandeur de l'œuvre de M. de Susini ne peut se comprendre qu'en la voyant. Elle inspire une profonde admiration; mais là n'est pas tout son mérite; M. de Susini est un industriel de génie et un bienfaiteur de l'humanité.

2021. — 27 dito. — Paul Holder, de la maison Holder-Boker et compagnie. — Mexico. — Voir la fabrique « La Honradez » et toutes ses belles institutions, augmente le désir d'entrer en relations avec elle.

2022. — 27 dito. — Joseph Cohen. — Négociant; Mannheim (Grand-Duché de Bade). — Chef de la maison Joseph Cohen et frère de Lima (Pérou). — J'ai vu en Europe beaucoup de fabriques bien organisées, mais aucune à un degré aussi élevé de perfection.

2078. — 23 dito. — Labadié de Lalande. — Docteur en médecine ; Guantanamo. — Je suis très-content de ma visite à cette manufacture et je n'ai d'autres observations à faire que des louanges.

2100. — 30 dito. — Léon Job Vernert. — Artiste peintre; Havane. — La plus grande admiration pour le génie qui a présidé à l'organisation d'une fabrique aussi utile aux délassements de l'humanité.

2101. — 30 dito. — A. P. Selmy. — Artiste dramatique de la Compagnie française; Havane. — Je garderai toujours un très-bon souvenir de la manière dont on m'a reçu chez M. de Susini, et je déclare n'avoir jamais rien vu d'aussi beau que sa propriété.

2138. — 4 décembre 1865. — Sedillot. — Officier payeur de l'armée française du Mexique. — Au-delà de tout éloge.

2139. — 4 dito. — Senot. — Négociant. — Vraiment admirable.

2140. — 4 dito. — Trotzeau. — Capitaine au 36e. — Heureux le pays qui possède des industriels aussi distingués que M. de Susini.

2141. — 4 dito. — Mayer. — Officier autrichien. — La magnifique fabrique de « La Honradez » est le symbole du progrès industriel à l'île de Cuba.

2142. — 4 dito. — Charles Belisari. — Militaire. — Dito.

2160. — 4 dito. — Alphonse Giboin. — Payeur de l'armée française du Mexique; Mexico. — Fabrique admirablement outillée et administrée.

2163. — 4 dito. — A. Aluart. — Officier de l'armée belge. — Cet établissement est monté d'une manière tellement supérieure qu'il est au-dessus de tous les éloges que je pourrais lui donner.

2198. — 14 dito. — Eugène Ginoulhiac. — Pharmacien; Matanzas. — Une fabrique comme celle-ci est un honneur pour le pays et un bonheur pour celui qui a été assez fort pour l'avoir exécutée dans des pareilles conditions.

2199. — 14 dito. — Gustave Delachaux. — Dessinateur; Havane. — Une fabrique comme « La Honradez » peut seulement être la conception du génie.

2200. — 14 dito. — Angel Xiqués. — Négociant; Nouvelle-Orléans. — L'ordre et la propreté qui règnent dans cette manufacture font réellement honneur à son directeur.

2204. — 14 dito. — Billet. — Lieutenant de vaisseau, à bord de la Thémis. — J'ai visité la fabrique de M. de Susini, et je suis heureux de constater qu'on ne saurait donner trop d'éloges à l'intelligente organisation de ses ateliers, et à l'amabilité avec laquelle on y accueille les visiteurs.

2205. — 15 dito. — Tabareau. — Lieutenant de vaisseau, à bord de la Thémis. — Dito, dito, et j'ajouterai même que M. de Susini mérite bien de la patrie.

2211. — 15 dito. — Battarel. — Docteur médecin, Chirurgien principal de la marine française, à bord la frégate à vapeur la Thémis. — On ne peut rien voir de plus ingénieux et de plus intéressant que l'appareil mécanique employé dans cette belle fabrique.

2218. — 15 dito. — Ahmicher. — Lieutenant de vaisseau, sur la frégate la Thémis. — Admirable.

2219. — 15 dito. — L. Fabiani. — Lieutenant de vaisseau, sur la frégate la Thémis. — Admirable.

2220. — 15 dito. — De Corsi. — Médecin de 2e classe de la Marine Impériale française, à bord de la frégate la Thémis. — Admirable.

2221. — 15 dito. — Legendre. — Mécanicien principal, sur la frégate à vapeur la Thémis. — Admirable.

2225. — 15 décembre 1865. — Paul Dislère. — Ingénieur de la division Navale française du Golfe du Mexique, des Antilles et de l'Amérique du Nord, à bord de la frégate à vapeur la Thémis. — Parmi les usines que j'ai visitées, je n'en ai pas vu où les principes de la mécanique fussent appliqués d'une manière plus rationnelle. Suivre la marche du progrès, mettre à profit toutes les inventions nouvelles, telle est la devise de « La Honradez. » Si quelque chose peut être comparé à l'admirable disposition de cet établissement, c'est l'accueil bienveillant que l'on y reçoit de tout le monde, de M. de Susini surtout, l'habile créateur et directeur de cette usine modèle.

2232. — 20 dito. — C. de Valency. — Commandant du steamer le Nouveau-Monde ; Saint-Nazaire. — Il me semble qu'il est difficile de rencontrer dans un même établissement industriel des machines plus complètes, une disposition plus pratique et un ordre plus parfait. L'audace qui a créé cette usine est digne de M. de Susini, l'industriel grand seigneur.

2249. — 21 dito. — Gustave Lecerf. — Agent des Postes françaises (steamer Nouveau-Monde); Saint-Nazaire. — Je remercie M. de Susini de l'amabilité avec laquelle il a bien voulu me faire les honneurs de sa fabrique. Je suis bien heureux d'avoir trouvé à 2,000 lieues de la France, dans un établissement appartenant à un de mes compatriotes, une organisation aussi remarquablement installée et combinée d'une manière prodigieusement intelligente.

2250. — 21 dito. — Louis Fallier. — Docteur de la Marine Impériale française; Saint-Nazaire. — Je prie M. de Susini de recevoir avec mes remerciements le tribut de mon admiration pour les véritables merveilles industrielles qu'il a créées.

2283. — 22 dito. — Gaston de Maindreville. — Lieutenant de vaisseau, à bord du steamer Tartare. — Je ne puis que répéter ce qu'ont écrit tous les visiteurs de la fabrique, c'est-à-dire, que tout y est admirable et la complaisance des Directeurs sans bornes.

2284. — 22 dito. — Evariste Gaudin. — Médecin de la Marine Impériale française, à bord du steamer Tartare. — Je suis venu avec M. de Maindreville, et j'ai naturellement admiré comme lui tout ce que j'ai vu. Après l'accueil charmant que les officiers français ont reçu des administrateurs et surtout du propriétaire de « La Honradez, » on ne peut que les en remercier vivement, n'ayant pas d'autre manière de rendre les politesses que nous en recevons.

2285. — 22 dito. — Malvina Vallon. — Artiste dramatique française; Paris. — Ah! comme c'est beau!

2287. — 22 dito. — Marguerite de Monpierre. — Artiste dramatique française; Paris. — Pour bien rendre ma pensée, je dis que je pars ravie, et prie M. Joseph de Susini de vouloir bien accepter mes remerciements pour les jolies choses que j'ai vues dans sa fabrique.

2288. — 22 dito. — Le Contre-Amiral Baron Octave Didelot. — Commandant en chef la Division navale française des Antilles, du Golfe du Mexique et de l'Amérique du Nord, à bord de la frégate impériale à vapeur « la Thémis. » — C'est avec le plus vif intérêt que j'ai visité le magnifique établissement de M. de Susini; je le prie d'agréer mes meilleurs remerciements pour la cordialité de son accueil.

2289. — 22 décembre 1865. — G. de Verneuil. — Capitaine de frégate, Chef d'Etat-Major, à bord de la frégate à vapeur de la Marine Impériale française la Thémis. — Tout ce qu'on voit dans cet établissement surprend; mais ce qui me surprend au-delà de tout, c'est la fécondité du génie inventif qui a organisé un tel ensemble de travaux.

2290. — 22 dito. — Le chanoine Reyne. — Aumônier supérieur de la Marine Impériale française, à bord de la frégate à vapeur la Thémis. — Je m'associe de tout cœur aux remerciements de l'Amiral et à l'admiration de M. de Verneuil son chef d'Etat-Major. Notre visite ici sera un des meilleurs souvenirs de ma campagne.

2298. — 23 dito. — Paul Alhaiza. — Artiste dramatique français ; Paris.

Qui dit Susini
Dit : « *Persévérance* »
Son travail unit
L'Art à « l'*Abondance* »
L'ouvrier bénit
Son « *Intelligence* »
Le pauvre applaudit
A son « *Opulence* »
Qui dit Susini
A dit : « *Bienfaisance.* »

2317. — 27 dito. — Ernest L'Epine. — Conseiller à la Cour des Comptes, en mission auprès du Capitaine général de l'île de Cuba; Ecrivain public sous le nom de *Manuel*; Paris. — Un Français émerveillé et heureux de voir un autre Français créateur de tant de belles et bonnes choses.

2359. — 5 janvier 1866. — Perticoz de La Ferté Loupy. — Docteur Médecin de la Marine Impériale française; Saint-Nazaire.—L'industrie a peu de temples aussi complets que celui-ci, peu de grands prêtres aussi distingués et aussi méritants que J. de Susini.

2360. — 5 dito. — Edouard Chamereau. — Commissaire du steamer La France, Saint-Nazaire. — Je me retire émerveillé de ma visite à « La Honradez. » — Pour M. Susini l'impossible n'est qu'un mot.

2411. — 11 dito. — Félix d'Hervilly. — Négociant; Havane. — C'est avec le plus grand plaisir que j'ai visité l'établissement de « La Honradez, » modèle de tout ce qu'il y a de mieux dans son genre, et digne de son digne et aimable propriétaire.

2412. — 11 dito. — D. O. Mauger. — Négociant; Havane. — Veni, vidi..... On comprendra le reste.

2418. — 12 dito. — Mina G. d'Auberval. — Professeur de langues et de littérature; Paris. Dieu donne l'espérance à qui garde le souvenir!

2422. — 15 dito. — Alexandre Guérin. — Contrôleur de la Compagnie dramatique française à la Havane; Paris. — Sur cette fabrique on a beaucoup dit, beaucoup écrit. Je viens de la visiter et je soutiens que tout cela n'est pas assez. M. de Susini fait toujours le bien aux grands et aux petits; mais ne le remerciez pas : c'est un égoïste qui agit ainsi, parce qu'il trouve à cela le délassement de ses jours.

2423. — 15 janvier 1866. — Aug. Asselbergbs. — Employé d'Ass. ; Paris. — Fabrique majestueusement belle !

2425. — 15 dito. — Ernest Gravier. — Professeur de littérature ; New-York. — Les hommes cherchaient une huitième merveille ! Honneur à M. de Susini, c'est lui qui l'a créée à Cuba.

2426. — 15 dito. — Madame Gravier. — Chanteuse du théâtre français à la Havane ; New-York. — Dito dito.

2427. — 15 dito. — Madame Selmy. — Deuxième 1er Rôle du théâtre français à la Havane ; Paris. — De Susini la force est l'intelligence ! Avec lui le peuple est sans souffrance.

2428. — 15 dito. — Joséphine Selmy. — Paris. — Tout ce que j'ai vu ici est vraiment bien joli.

2429. — 15 dito. — Elodie Girard. = Premier Rôle du théâtre français à la Havane ; Paris. — J'ai visité ; j'ai vu ; je suis éblouie. Que dirais-je maintenant?..... On crie : Vive la France ! eh bien, crions aussi : Vive Susini !

2476. — 19 dito. — Eugène Royer. — Capitaine ; France. — Il est rare de visiter un établissement industriel aussi bien tenu que la fabrique de cigares de « La Honradez. » Je remercie sincèrement M. de Susini de m'avoir mis à même de visiter son usine modèle.

2477. — 19 dito. — M. Rigault. — Capitaine ; France. — Même observation que ci-dessus.

2477. — 19 dito. — Ch. Beurens. — Négociant ; France. — Impossible de trouver une organisation plus complète et plus parfaite.

2479. — 19 dito. — P. M. Mazard. — Marin ; France — Je remercie le propriétaire de m'avoir permis de parcourir l'établissement que je viens de visiter : il me paraît être la perfection du génie.

2485. — 20 dito. — D. Parade. — Capitaine au 1er zouaves ; Paris. — Je suis heureux d'avoir pu visiter cet établissement, qui est curieux sous tous les rapports et parfaitement administré.

2486. — 21 dito. — H. Le Borgne. — Enseigne de vaisseau, sur l'Amazone, transport de la Marine Impériale française. — Je remercie beaucoup M. Susini de l'amabilité avec laquelle il m'a fait voir son établissement, que je déclare la merveille de la Havane.

2487. — 21 dito. — A Le Gigans. — Officier de la Marine Impériale française ; Cherbourg. — Même observation que ci-dessus.

2488. — 21 dito. — L. A. Gans. — Officier de la légion étrangère ; Paris. — J'ai eu le plus grand plaisir à visiter la fabrique de M. Susini, que je remercie mille fois de l'obligeance qu'il a mise à nous faire connaître en détail. C'est un magnifique établissement.

2489. — 21 dito. — Ceccaldi. — Officier de la légion étrangère, Paris. — Je remercie M. Susini de l'amabilité avec laquelle il nous a fait voir son magnifique établissement, duquel j'emporte le meilleur souvenir.

2490. — — 21 janvier 1866. E. M. de la Salle. — Officier de la légion étrangère, Nancy. — Même observation que ci-dessus.

2491. — 21 dito. — Vicomte Gaston de Thannberg. — Officier au 2e chasseurs de France; Paris. — La fabrique de «La Honradez» est l'image du grand fleuve qui reflète dans sa marche les détails merveilleux de la création. Il est impossible au voyageur qui visite cet établissement de ne pas en garder un éternel et bien agréable souvenir.

2495. — 21 dito. — Fernando. — Artiste lyrique; France. — Je suis émerveillé de tout ce que je viens de voir dans la maison de « La Honradez », qui fait le plus grand honneur au goût et au génie de M. de Susini.

2501. — 21 dito. — J. Puyraimond. — Enseigne de vaisseau sur la frégate à vapeur l'Amazone, transport de la Marine Impériale française :

La cigarette à l'homme nécessaire,
Fait sa félicité plutôt que sa misère.

2502. — 21 dito. — Ney d'Elchingen. — Chef d'escadron au 6e hussards, Paris. — La fabrique est fort intéressante et les habitants en sont très-aimables.

2503. — 21 dito. — F. Bèze. — Lieutenant d'artillerie de la Garde Impériale; Paris. — L'on rencontre rarement une fabrique aussi bien organisée que celle de « La Honradez. »

2504. — 22 dito. — G. Bachelery. — Aspirant de Marine, sur la frégate à vapeur l'Amazone, transport de la Marine Impériale française. — « La Honradez » est une des belles fabriques que j'ai eu le plaisir de visiter. Je ne saurais trop me louer surtout de l'amabilité avec laquelle on y reçoit les étrangers.

2511. — 22 dito. — P. Peyronnet. — Rentier; Matanzas. — Je pars rempli d'admiration pour les splendides applications que j'ai été à même d'observer aujourd'hui, et d'y avoir vu une des plus belles productions du génie humain. Honneur et mille fois merci à M. Susini.

2513. — 22 dito. — V. Maupin. — Enseigne de vaisseau; Brest. — La fabrique est magnifique et ne le cède qu'à l'obligeance du propriétaire.

2514. — 22 dito. — L. Guyon. — Enseigne de vaisseau, Paris. — Même appréciation.

2515. — 22 dito. — A. M. Guyon — dito.

2516. — 22 dito. — Jacolot. — Médecin de la Marine Impériale de France; Brest. — Je suis heureux d'avoir visité la merveille de l'industrie de la fabrication des cigarettes.

2517. — 22 dito. — A. Maréchal. — Enseigne de vaisseau, Brest. — Même appréciation.

2518. — 22 dito. — Etienne Carpentier. — Enseigne de vaisseau Brest. — Même appréciation.

2521. — 23 dito. — Comte Frédéric de Golstein. — Lieutenant de chasseurs à pied; France. — Superbe fabrique dont on vous fait très-gracieusement les honneurs.

2525. — 24 dito. — Octavien Pellolio. — Inspecteur de la Compagnie générale transatlantique des courriers français; Paris. — Fabrique spacieuse et bien conditionnée en tout, dont on m'a fait les honneurs avec avantage.

2591. — 26 janvier 1866.— A. P. Dombre. — Capitaine du génie; France. — Très-bien.

2600. — 26 dito. — Adolphe Reynaud. — Négociant; New-York. — Admirable.

2685. — 3 février 1866 — Le Marquis de Forbin-Janson. — Consul général de France à la Havane. — Je quitte la fabrique de M. de Susini étonné et charmé de tout ce que j'ai vu, non moins que de la parfaite obligeance avec laquelle il m'a fait les honneurs.

2686. — 3 dito. — Charles de Lachatière. — Propriétaire; Havane. — On entre ici disposé à voir des inventions nouvelles; on reste stupéfait de voir réalisés bien au-delà de la conception humaine les effets de la mécanique, et on sort émerveillé du génie de M. Susini.

2690. — 6 dito. — Mistress Col. L. Lay, Nouvelle-Orléans. — Admirable!!!

2692. — 6 dito. — S. Eloing. — Chef du cabinet civil de S. M. l'Empereur du Mexique, Conseiller d'État honoraire, etc. Mexico. — C'est avec un grand intérêt qu'on admire l'intelligence qui a présidé à l'organisation d'une fabrique qui devient un musée des inventions les plus nouvelles.

2693. — 6 dito. — Etienne Dufau. — Négociant; Havane. — J'ai beaucoup admiré la fabrique de M. de Susini, et j'en sors avec le désir d'y revenir pour l'admirer de nouveau.

2699. — 6 dito. — Comte Anatole d'Alcantara. — Propriétaire. Attaché à l'ambassade du roi des Belges à l'Empereur du Mexique, Bruxelles. — Hommage et admiration d'un petit à un grand homme, dont l'établissement est incomparable par la beauté comme son cœur par la bonté.

2704. — 6 dito. — Théodore Saillant. — Commissaire du paquebot français la Louisiane. — Je n'ai pas d'expression assez forte pour dire toute mon admiration.

2743. — 9 dito. — Louis Rothmann. — Capitaine du Génie; France. — La perfection des moindres détails fait prévoir dès la fabrique la perfection qu'on trouvera aux cigarettes en les fumant.

2744. — 9 dito. — Edmond Robinet, Officier au 95e de ligne, France. — J'ai trouvé tout admirable.

2752. — 9 dito. — Laurent de Maison-Neuve. — Lieutenant au 1er chasseurs d'Afrique, France. — Les millions se font avec des centimes.

2757. — 9 dito. — Auguste Honoré. — Capitaine; France. — Cet établissement est de ceux que l'on voit avec d'autant plus de plaisir qu'à chaque pas on remarque des choses magnifiques.

2758. — 9 dito. — Albert Figuier. — Pharmacien militaire, France. — Dito dito.

2759. — 9 dito. — Feizé. — Officier d'administration des hôpitaux; France. — Dito.

2760. — 9 dito. — Gasc. — Lieutenant des zouaves; France. — Dito.

2761. — 9 dito. — Prosper Harel. — Capitaine de frégate, Commandant le Jura, France; — J'ai visité beaucoup d'établissements industriels en France, et j'avoue que je n'en ai pas vu beaucoup qui puissent rivaliser avec celui de « La Honradez. » Magnifique organisation, réception charmante. Je ne puis que remercier le propriétaire, M. de Susini, qui m'a montré des choses complétement inconnues de moi.

2762. — 9 février 1866. — Eustache Monin. — Chirurgien de première classe de la marine, sur le Jura. — Dito.

2763. — 9 dito. — Carl Wandel. — Enseigne de vaisseau de la marine Danoise, sur le Jura de la marine impériale française. — Dito.

2764. — 9 ditto. — Louis Gabillet. — Aumônier de la marine, sur le Jura. — Dito.

2765. — 9 dito. — Pierre Laroque. — Enseigne de vaisseau, sur le Jura. — Dito.

2766. — 9 dito. — Georges Désert. — Sur le Jura. — Dito.

2767. — 9 dito. — Antoine Carnet. — Sur le Jura. — Dito.

2784. — 12 dito. — Victor Frotceaux. — Capitaine au 36e; Mezières; Ardennes. — Très-satisfait de la tournée et du produit de la fabrique.

2785. — 12 dito. — Pierre Lemaire. — Décorateur, Havane. — Je déclare ne jamais avoir vu aucune fabrique pareille à celle de « La Honradez » pour l'ensemble de toutes ses machines et du travail en général qui s'y fait.

2817. — 14 dito. — Ch. André. — Lieutenant au 2e chasseurs d'Afrique ; France. — C'est avec bonheur que j'ai visité le bel établissement de M. Susini. On s'arrête en extase devant une succession de merveilles. J'emporte de cette belle maison un charmant souvenir, et je remercie mille fois M. de Sanges de la cordiale obligeance qu'il m'a témoignée.

2821. — 15 dito. — F. Bourgeois. — Lieutenant d'artillerie; Cloyes, Eure-et-Loir. — C'est avec un très-grand plaisir que j'ai visité l'établissement de M. Susini. Cette fabrique est remarquable non-seulement par son mécanisme, mais encore par la régularité de son travail, et surtout par sa bonne tenue. Je remercie beaucoup M. Audap de la cordiale obligeance qu'il m'a témoignée. J'emporte avec moi un heureux souvenir de cette brillante maison.

2902. — 19 dito. — Emile Bourgeois. — Industriel; Paris. — Ordre, intelligence donnent richesse. Richesse comme noblesse oblige. — M. Susini le comprend, car il ne néglige rien pour faire progresser son industrie.

2904. — 19 dito. — Armand Lagriffoul; — Graveur imprimeur; Havane. — La fabrique de cigares « La Honradez » est une grande preuve de l'intelligence et de l'activité de M. Susini. Lui seul, jusqu'à présent, pouvait, dans ce pays arriver à de tels résultats.

2952. — 22 dito. — A. de Pourtalès. — Négociant; Le Havre. — C'est une très-belle fabrique, dans laquelle tout marche avec activité et précision par des machines très-ingénieuses et des ouvriers alertes.

2953. — 22 dito. — Clément Çaro. — Négociant à la Havane; Bordeaux. — C'est une magnifique fabrique où règne l'ordre, l'activité et le fonctionnement de machines admirables.

2961. — 24 février 1866. — Le comte de Lasteyrie. — Membre de l'Institut de France; Paris. — Les visiteurs admis dans cette splendide fabrique ne doivent pas moins de félicitations à ses chefs pour la perfection des procédés employés, que de reconnaissance pour la libérale et gracieuse hospitalité accordée aux étrangers. Comme Français, je me suis senti fier de voir tant de belles et bonnes choses réalisées par M. de Susini, dont l'origine Corse me permet de le considérer comme un compatriote, remarquable par son talent.

2962. — 24 dito. — Robert de Lasteyrie. — Paris. — Dito.

2979. — 27 dito. — Jules L. Marcuard. — Banquier; Paris. — Rien de plus gracieux et de plus ingénieux que les différentes machines de cette intéressante manufacture. Malgré vous, la réflexion vous vient comment il est possible que ce qui doit s'en aller en fumée demande une pareille association d'intelligence et d'activité.

2980. — 27 dito. — A. de Pourtalès. — Négociant; Le Havre. — Seconde visite.

2990. — 28 dito. — Leonilda Boschetti. — Prima Donna de la Compagnie Lyrique italienne; Paris. — Ma visite a duré quatre heures sans m'en apercevoir; tellement j'étais ravie de tout ce que j'ai vu dans cette grande fabrique, dont les honneurs m'ont été faits très-gracieusement par son propriétaire M. Susini, que je remercie de tout mon cœur.

3017. — 1er mars 1866. — J. Halligon. — Capitaine de frégate. — C'est avec le plus grand intérêt que j'ai visité dans tous ses détails ce magnifique établissement, et j'ai été charmé de l'ordre, de l'activité et de l'intelligence avec lesquels sont installés ses divers services. Je suis on ne peut plus reconnaissant de l'affabilité et de la courtoisie avec lesquelles on m'a fait visiter cette fabrique tout à fait hors ligne.

3056. — 8 dito. — Carl Waldemar Trich. — Négociant; Irondhjem (Norvège.) — Après m'avoir fait voir avec la plus grande amabilité tous les détails de la magnifique fabrique, qui fait autant d'honneur au génie de son chef qu'à celui de son administration, je dois dire qu'elle est un bien pour la ville et pour la classe manufacturière de l'île.

3163. — 12 dito. — Baron Edward Saillard. — Secrétaire d'ambassade; Paris. — Je considère comme un devoir d'exprimer toute la satisfaction que j'ai éprouvée comme Français à trouver dans l'établissement d'un compatriote l'application la plus large des découvertes modernes et des principes du libéralisme pratique le plus éclairé.

3253. — 16 dito. — Alfred Galeani. — Commissaire du Gouvernement; Paris. — Comme compatriote de M. Susini, je regrette profondément de n'avoir pu le voir pour le féliciter sur les admirables dispositions de son établissement, qui lui ont valu à juste titre une renommée universelle.

3254. — 16 dito. — Le docteur Couffon. — Chirurgien de 1re classe de la Marine Impériale. — Visitant pour la seconde fois le splendide établissement de M. Susini, je ne puis qu'admirer de nouveau l'ordre et les admirables dispositions qui règnent dans cette fabrique si universellement renommée pour l'excellence de ses produits.

3255. — 16 dito. — Arthur Martin. — Touriste; Paris. — En vrai touriste, je dois reconnaître que « La Honradez, » sous l'impulsion intelligente donnée par son propriétaire M. de Susini, a acquis une réputation qui la met au niveau des innovations les plus récentes. C'est le cas de dire : « Les morts revivent. »

3250. — 17 mars 1866. — Baron Gustave Gostkowski. — Quand on a vu une fois la magnifique fabrique de M. de Susini, on emporte un désir : celui de la revoir.

3317. — 27 dito. — G. Miguel. — Chef mécanicien de la Marine Impériale à bord de la Mégère. — Je me fais un vrai plaisir de signaler toute ma gratitude à MM. les employés (1er et 2e mécaniciens) qui m'ont fait visiter le magnifique établissement « La Honradez » dans tous les moindres détails.

3329. — 31 dito. — M. Babin. — Capitaine d'Etat-Major; Nancy. — J'ai passé dans la fabrique « La Honradez » un des moments les plus agréables de mon séjour à la Havane : les mille détails de cette fabrique font honneur à l'intelligence et à l'esprit d'invention de M. de Susini, qui a bien voulu me permettre d'admirer son intéressant établissement.

3330. — 31 dito. — Cruillebois. — Médecin aide-major. — J'ai vu à « La Honradez » l'emploi de la main humaine et des machines combinés avec la plus parfaite intelligence aux perfectionnements les plus ingénieux apportés aux résultats de la science moderne. J'ajoute que les honneurs de l'usine nous ont été faits avec une aménité charmante. On ne peut passer deux heures plus utilement ni plus agréablement à la fois « utile dulci. »

3331. — 31 dito. — M. Clérambontt. — Médecin-Major de l'armée française ; Paris. — J'ai visité cette fabrique dans tous ses détails et je ne puis formuler mes impressions mieux qu'en disant tout simplement que c'est admirable.

3338. — 3 Avril 1866. — C. Basset. — Havane. — Je remercie beaucoup M. J. de Susini de l'obligeance qu'il a eu de bien vouloir me faire visiter son admirable fabrique.

3382. — 9 dito. — M. Grant. — Il serait à désirer que, dans tout le monde, l'on suivît le bon exemple de M. de Susini, et que l'industrie fut poussée à un aussi haut point : sa manufacture est magnifique.

3387. — 9 dito. — Prosper Lyon. — Commissaire à bord de l'Impératrice Eugénie; Saint-Nazaire. — Nous sommes émerveillés de tout ce que nous avons vu dans la fabrique de Monsieur de Susini. Nous avons marché de surprise en surprise; il serait à désirer que tous les industriels comprissent comme lui, et, selon nous, ce serait un progrès immense.

3388. — 9 dito. — D. de Bernonville. — Docteur-Médecin; Saint-Nazaire. — Dito.

3389. — 9 dito. — Gérard. — Agent de Postes; Paris. — Dito.

3390. — 9 dito. — Guillaume Demuth. — Negociant; Havane. — Je sors de l'admirable fabrique de M. de Susini avec les plus sincères remerciements pour son amabilité ainsi que celle de ses employés, pour m'avoir fait visiter un établissement qui est le témoignage le plus éclatant de l'intelligence privilégiée de son propriétaire.

3400. — 11 dito. — Henri Jouin. — Paris. — Magnifique établissement. Je remercie beaucoup M. de Susini de son amabilité et de son obligeance.

3431. — 12 avril 1866.— Edward Blondeel van Cuelebroeck.— Ministre de Belgique ; Mexico — Enchanté de cette intéressante visite. — Ce sont les mille et une nuits de l'industrie, et le créateur de cet établissement a bien justifié le mot de Lafontaine : « Aux hommes il faut une idée, mais il n'en faut qu'une ! » Une idée dans sa multiplicité et toutes ses applications.

3432. — 12 dito. — Comte de la Tour. — Ministre d'Italie ; Mexico. — Dito, dito.

3433. — 12 dito. — P.-L. Schmidt. — Negociant ; Veracruz. — Dito, dito.

3473. — 16 dito — James Jaquet. — Négociant ; Suisse. — J'honore dans la personne de M. Susini le génie de l'industrie inspiré par une noble intelligence et un grand cœur.

3474. — 16 dito. — J.-M. Mermin. — Horloger ; Havane. — Dito.

3487. — 19 dito. — Victor Bances. — Havane. — Tout frappe l'attention du voyageur dans la fabrique « La Honradez. »

3500. — 19 dito. — Général Brincourt, en expédition au Mexique. — Magnifique établissement ! aussi remarquable par le nombre de ses diverses machines que par l'ordre et les dispositions qui règnent dans ses nombreux ateliers.

3501. — 19 dito. — Le Gué. — Capitaine du 3e zouaves ; Officier d'ordonnance du Maréchal Bazaine. — Je suis fort heureux d'avoir visité la fabrique de Messieurs Louis Susini et fils, et les remercie de m'avoir permis l'occasion d'admirer leur magnifique établissement.

3507. — 19 dito. — A. Lalanne. — Négociant ; Dax. — En visitant la fabrique de « La Honradez » je n'ai eu qu'un regret, celui de ne pouvoir consacrer à cette visite tout le temps qu'elle comporte. Il est des choses qu'on ne saurait assez apprécier : « La Honradez » est de ce nombre.

3510. — 19 dito — E. Allier. — Commis de Marine ; Lorient. — Je suis heureux d'avoir pu visiter la fabrique de « La Honradez », une des plus belles entreprises qu'il m'ait été donné de voir.

3586. — 30 dito. — A Simon Sy. — Prêtre ; Kingstown. — Je suis émerveillé de la visite que j'ai faite à cet établissement. Je n'ai jamais vu une manufacture où tant de machines jouent avec tant d'ordre et fassent tant d'ouvrage à la fois et en si peu de temps. La politesse des officiers et des subordonnés est ce qu'on peut désirer de mieux.

3615. — 1er mai 1866. — P. Beauvillé. — Médecin vétérinaire ; Havane. — De toutes les fabriques que j'ai eu le plaisir de visiter jusqu'à ce jour, celle-ci est, à mon avis, une qui ne laisse rien à désirer en quoi que ce soit.

3730 — 23 dito. — Docteur Cornuel. — Médecin en chef de la Marine Française, en retraite. — Tout ce que l'on voit dans la fabrique de M. Susini est réellement digne d'admiration. Tout est prévu, et c'est le génie qui a présidé à l'adaptation des machines aux opérations les plus diverses, les plus compliquées et les plus minutieuses. Le visiteur doit être particulièrement touché des soins ingénieux que reçoivent les ouvriers. Enfin la plus grande complaisance accueille les étrangers.

3743 — 26 mai 1866. — Arthur de Hesfensein. — Propriétaire ; Hanovre. — Je déclare cette fabrique la merveille de la Havane.

3754 — 2 juin 1866. — Lucien Le Febvrier. — Agent des Postes du « Panama. » — C'est avec le plus grand plaisir que j'ai revu la fabrique de mon ami M. Susini, et admiré toutes les améliorations qu'il ne cesse d'introduire dans son incomparable manufacture de cigarettes.

3755 — 6 dito. — Le Comte de Portes. — Propriétaire. — Paris. — De tous les établissements manufacturiers que je connaisse, « La Honradez » est celui que j'ai trouvé le plus complet et le plus perfectionné. Il réunit une foule d'industries nécessaires à son exploitation et prouve l'intelligence de son directeur et les capacités de ceux qui, sous ses ordres, dirigent ce vaste établissement.

3757 — 6 dito. — J. B. Bernadotte. — Négociant ; à Paris. — C'est avec un grand plaisir que je me rappellerai ma visite à « La Honradez » que j'ai trouvée admirable sous tous les rapports, et ses administrateurs on ne peut plus bienveillants.

3758 — 6 dito. — J. Daloz. — Négociant ; Paris. — Je constate avec plaisir la bonne et intelligente organisation de cette usine ; et fais mes compliments aux administrateurs pour le bon ordre et la régularité qui règnent dans cet établissement.

3932. — 6 juillet 1866. — M. Prosig. — Major ; Vienne. — On ne peut visiter l'établissement « La Honradez » qu'avec le plus grand intérêt, et on en sort avec satisfaction et admiration de ce qu'on y a vu.

3948. — 12 dito. — Jean Condeau. — Négociant ; Cuba. — C'est la plus jolie fabrique que j'aie jamais vue.

3949. — 12 dito. — Jean Numon. — Négociant ; Cuba. — C'est la plus jolie fabrique que j'aie vue.

3950. — 12 dito. — François Sauné. — Négociant ; Havane. — C'est très-joli la fabrique « La Honradez. »

3951. — 12 dito. — Edward E. Austin. — Comptable ; New-York. — On n'a rien à dire sur la fabrique, parce que tous les éloges qu'on pourrait faire ont déjà été faits.

3968. — 12 dito. — Jauve. — Capitaine du 28e de ligne. — L'Établissement est parfaitement tenu ; le meilleur accueil m'a été fait en le visitant.

3969. — 12 dito. — Collin. — Lieutenant du 3e zouaves. — Je suis heureux d'avoir visité l'établissement ; sa tenue m'a surpris.

3970. — 12 dito. — Fabre. — Sous-Lieutenant du 28e de ligne. — Je suis très-heureux d'avoir visité l'établissement, et du bon accueil qu'on m'y a fait.

3971. — 12 dito. — Desgrange. — Officier d'administration. — Cet établissement est remarquable sous tous les rapports ; et doit, naturellement, être classé comme le premier du monde entier ; l'écoulement de ses produits et sa réputation universelle le démontrent d'ailleurs suffisamment.

4129. — 23 août 1866. — Fille, Charles. — Mécanicien ; Havane. — On ne peut faire que des louanges aux administrateurs de cette fabrique.

4130. — 23 août 1866. — Couty Lazare. —Mécanicien ; Havane. — Cet établissement est unique pour la direction et l'intelligence que l'on y trouve.

4131. — 23 dito. — Pierre Teston. — Cuisinier; Valence; France. — Après la visite faite à ce vaste établissement, on ne peut que féliciter ses directeurs.

4194. — 1er septembre 1866. — H. d'Aubas de Ferron. — Officier; France. — Je trouve cette manufacture au-dessus de celles que j'ai vu jusqu'à ce jour.

4195. — 1er dito. — V. Brevet. —Commissaire du Panama; Français. — Je remercie MM. les employés de « La Honradez » de leur bienveillant accueil, et suis grand admirateur de la belle œuvre de M. de Susini.

4196. — 1er dito. — Le Febvrier. — Agent des postes embarqué sur le Panama. — La fabrique de cigarettes de La Honradez continue à être la merveille de la Havane, et je remercie les employés de leur parfaite obligeance.

4200. — 1er dito. — A. Boutes. — Capitaine au long cours. — Je ne puis qu'admirer non-seulement la belle fabrique de M. de Susini, mais encore la régularité avec laquelle le service est distribué : cela flatte et honore leurs fondateurs.

4339. — 6 octobre 1866. — Général Castelnaud, Aide-de-camp de S. M. l'Empereur des Français ; Paris. — Le Général et les officiers français qui l'accompagnent ne sont pas moins émerveillés de leur visite à la fabrique que surpris et reconnaissants de la bonne grâce avec laquelle on leur en a fait les honneurs.

4340. — 6 dito. — Lieutenant-Colonel Marquis de Galliffet. — Paris. — Dito.

4341. — 6 dito. — Lieutenant Comte de Saint-Sauveur. — Paris. — Dito.

4405. — 18 dito. — Coronel Graham. — France. — Cet établissement est bien arrangé : surtout l'humanité qui a dicté le bon traitement et la prospérité des employés est digne d'éloges.

4406. — 18 dito. — C. Loysel. — Paris. — Enchanté d'avoir vu un établissement aussi remarquable sous tous les points de vue.

4407. — 18 dito. — P. Vasseur. — Paris. — On perdrait beaucoup si on ne visitait pas un établissement qui ferait la gloire de toute cité civilisée.

4410. — 18 dito. — Léon Mehedin. — Paris. — Je ne sais quel éloge placer ici pour exprimer toute ma satisfaction et ma surprise en voyant l'industrie espagnole si noblement et si intelligemment représentée par M. Susini.

4412. — 18 dito. — E. Sedillot. — Officier de l'armée française ; Paris. — Ce que je pourrais écrire ajouterait peu de chose à tout ce qui a déjà été dit. — Je n'ai encore rien vu d'aussi bien installé et dirigé.

4413. — 18 dito. — G. de Béarn, Vicomte de Viana. — Officier d'état-major ; Pau. — Si tous les Espagnols savaient comprendre leur devoir envers leur pays comme M. Susini, l'Espagne serait à la tête des nations civilisées.

4424. — 20 dito. — Aug. Dollfus. — Mexico. — Un petit monde qui, dans ses détails, ne présente guère moins d'intérêt que le grand.

4479. — 27 dito. — Laurent Gattebled. — Havane. — Je suis très-content d'avoir vu cette grande fabrique.

4492. — 2 Novembre 1866. — Le Colonel Pargoux. — Havane. — J'ai visité la fabrique de M. Susini dans tous ses détails et la trouve admirable dans tout son ensemble de travail et d'administration.

4561. — 12 dito. — Charles Schramm. — Artiste ; Hambourg. — Il est impossible de voir une fabrique mieux montée que celle de « La Honradez, » et on ne peut pas être plus aimable avec les visiteurs. Le souvenir le plus agréable de la Havane.

4639. — 22 dito. — M. Barué. — Lieutenant de vaisseau de la Marine Française, à bord du Duchayla. — C'est avec le plus vif intérêt que j'ai visité en détail « La Honradez. » Je ne puis comparer la magnificence de cette fabrique qu'à l'amabilité avec laquelle j'y ai été reçu.

4664. — 24 dito. — Hippolyte Haranchipy. — Rentier ; Nantes. — Je suis heureux d'avoir visité cet établissement ; c'est la chose la plus complète que j'aie rencontré. Je prie MM. les administrateurs de recevoir mes compliments et mes sincères remerciements.

4666. — 24 dito. — Dr. M. Nielly. — Frégate Duchayla. — Si « La Honradez » n'existait pas, il faudrait l'inventer.

4667. — 24 dito. — B. Le Gorrec. — Lieutenant de vaisseau; Rennes, frégate Duchayla. — La fabrique de « La Honradez » est admirable, et les honneurs en sont faits avec une bienveillance sans égale.

4668. — 24 dito. — A. Moye, — Lieutenant de vaisseau, frégate Duchayla. — J'ai visité avec le plus vif intérêt la fabrique « La Honradez », qui, sous tous les rapports, me semble digne des plus grands éloges.

4669. — 24 dito. — E. Picot. — Officier d'administration, frégate Duchayla. — Ce splendid établissement est aussi bien conçu qu'admirablement dirigé : je suis heureux de l'avoir visité.

4675. — 26 dito. — J. Viennot. — Commissionnaire ; New-York. — La fabrique de « La Honradez » est une des merveilles de l'industrie moderne.

4733. — 6 Décembre 1866. — Foudriat Louis Cruet. — Professeur; Havane. — La fabrique de « La Honradez » est une des plus belles que j'aie vues jusqu'à ce jour, et je prie Messieurs les administrateurs de recevoir mes sincères remerciements.

4841. — 20 dito. — Paul Lefèbre. — Fabricant de dentelles ; Paris. — Le travail libre ennoblit l'homme et les premiers promoteurs de cette idée à la Havane ont droit à l'estime universelle.

4939. — 3 janvier 1867. — Paul Dumas Descombes. — Négociant; Paris. — J'adresse à M. Susini mes remerciements et mes sincères compliments.

4940. — 3 dito. — Gaston Ledoux. — Négociant; Paris. — La fabrique de M. Susini est une des beautés de la Havane : en lui adressant mes félicitations je le remercie du bon accueil que j'ai reçu chez lui.

5128. — 23 dito. — F. Salmon. — Négociant. — La fabrique de M. de Susini est une merveille comme industrie et un paradis pour ses ouvriers.

5129. — 23 janvier 1867. — Peffault de Latour. — Commissaire de la Guyane. — La fabrique de M. de Susini est vraiment merveilleuse à visiter. C'est un véritable chef-d'œuvre. On peut noter, surtout, l'affabilité avec laquelle on y est reçu.

5130. — 23 dito. — Félix Lemonyer. — Docteur en médecine. — La fabrique de M. de Susini est très-curieuse, intéressante sous tous les rapports et parfaitement tenue.

5165. — 25 dito. — Durand. — Chef Mécanicien; paquebot « La Guyane. » — Etablissement de premier ordre très-bien tenu.

5166. — 25 dito. — Letoire. — Capitaine au long cours; paquebot « La Guyane. » — Tout est parfait.

5167. — 25 dito. — Vollet. — Lieutenant de vaisseau, Commandant « La Guyane. » — Cet établissement est très-bien tenu, il est très-curieux à visiter.

5168. — 25 dito. — Pellolio. — Inspecteur de la Compagnie. — Nouvelle visite.

5169. — 25 dito. — Aug. Saurel. — Négociant, New-York. — Etablissement magnifiquement organisé et méritant à tous égards la réputation qu'il a aux États-Unis.

5170. — 25 dito. — Charles Werner. — Violoncelliste de la Chambre de S. M. l'Empereur du Brésil; Hambourg. — Cet établissement est magnifique et digne d'être vu par un étranger.

5273. — 4 février 1867. — Isidore Berthier. — Négociant; Mexico. — Si des Antilles la Havane est la reine unique, « La Honradez » l'est assurément de toutes les fabriques.

5285. — 11 dito — Jean Chateau. — Professeur, Havane. — J'ai vu les plus grandes villes de France, et jamais, à mon grand étonnement, je n'avais vu une machine à vapeur de la force de 14 chevaux seulement produire tant d'effets prodigieux; la Havane (île de Cuba) peut se glorifier de posséder les plus grands mécaniciens où du moins les plus admirables machines pour travailler l'imprimerie, le tabac et tout ce qui touche à l'art de l'imprimerie.

5336. — 14 dito. — P. Maignan. — Négociant; Bordeaux. — Je déclare être émerveillé de ce que j'ai vu, et je ne crois pas qu'il existe en Europe ou en Amérique un établissement aussi complet sous tous les rapports.

5361. — 15 dito. — O. Bixio. — Inspecteur de la Compagnie générale transatlantique; Paris. — A été enchanté de l'intéressante visite à la fabrique de « La Honradez. »

5364. — 18 dito. — P. Brindeport. — Négociant; Mexico. — A été enchanté de ce qu'il a vu dans cette fabrique, en outillage, ordre et bonne administration, comme de l'intelligence des Chinois, dont on a l'air de se moquer en France.

5365. — 18 dito. — P. Verger. — Négociant; Mexico. — Même observation.

5366. — 18 dito. — C. Birel. — Négociant; Mexico. — Même observation.

5367. — 18 dito. — A. Olin, — Négociant; Mexico. — Même observation.

5371. — 18 dito. — S. Cantin. — Capitaine au 81ᵉ; Limoges. — Je rends hommage à l'intelligence de M. Susini, qui a su faire de « La Honradez » une des premières fabriques du nouveau monde et de l'ancien monde : activité, travail et discipline, tout se trouve dans ce bel établissement.

5372. — 18 février 1867. — C. Pozzo di Borgo. — Capitaine; Ajaccio; Corse. — Même observation.

5373. — 18 dito. — J. Perret. — Officier payeur au 81e; Germigney. — La fabrique « La Honradez » est réellement à la hauteur de sa renommée universelle.

5374. — 18 dito. — Delucq. — Lieutenant au 81e ; Dax; Landes. — La fabrique « La Honradez » est à la hauteur de sa belle réputation.

5375. — 18 dito. — Gigandet. — Lieutenant au 81e de ligne. — Je suis heureux d'avoir pu visiter un établissement aussi célèbre et aussi bien entendu que celui de « La Honradez. »

5376. — 18 dito. — De Guillebon. — Capitaine au 81 de ligne. — Je rends hommage à l'installation de la fabrique autant qu'à l'excellence de ses produits.

5377. — 18 dito. — Guillemin. — Lieutenant au 81e. — Sans contredit, l'établissement de « La Honradez » est digne de sa réputation universelle.

5380. — 18 dito. — Edmond Dauzats. — Pharmacien, Aide-Major ; Bordeaux. — C'est un des plus beaux établissements que l'on puisse rencontrer dans ces pays.

5381. — 18 dito. — Louis Delort Mialhe. — Lieutenant d'infanterie, France. — L'établissement de « La Honradez » fait un égal honneur à son pays et à ses fondateurs.

5382. — 18 dito. — F. Fortamps. — Bruxelles. — Même observation.

5386. — 19 dito. — Le Comte de Montaigne. — Paris. — Etablissement où l'on entend aussi bien le travail que l'hospitalité.

5471. — 25 dito. — Rendu. — Inspecteur des Finances; France. — Remerciements pour la façon courtoise avec laquelle tous les détails de cette très-intéressante et remarquable maison m'ont été montrés. Résultats très-appréciables du travail des Chinois.

5472. — 25 dito. — Wuillems. — Inspecteur des Finances ; France. — Admirable fabrique. Remerciements pour la courtoisie avec laquelle j'y ai été reçu.

5473. — 25 dito. — Jaznie. — Médecin; France. — Remerciements pour le gracieux accueil fait aux officiers français dans l'établissement sans pareil de « La Honradez. »

5474. — 25 dito. — Verdier. — Médecin ; France. — Remerciements pour la complaisance avec laquelle nous ont été montrés tous les détails de cet admirable établissement.

5475. — 25 dito. — Lafont. — Officier d'administration; France. — Etablissement de toute beauté, sans rival tant en Europe qu'en Amérique. Les produits de « La Honradez » sont les plus parfaits qu'on puisse obtenir.

5476. — 25 dito. — Ducreux. — Officier hors cadre; France. — Etablissement magnifique, dirigé avec un ordre parfait qui mérite des éloges.

5479. — 25 dito. — M. Régnier. — Lieutenant au 18e. — Magnifique établissement, où l'on est reçu de la façon la plus courtoise.

5480. — 25 dito. — Dreyer. — Pharmacien major. — Nous emportons de cet établissement le meilleur souvenir et les meilleures cigarettes du monde.

5181. — 25 février 1867. — Vidal. — Lieutenant de vaisseau. — Mille remerciements à M. le Directeur de l'usine de « La Honradez », pour la grâce qu'il apporte à faire les honneurs de son bel établissement.

5482. — 25 dito. — Alexandre Baude. — Médecin de la Marine; Bayard. — J'emporte le plus agréable souvenir de l'accueil qui m'a été fait dans le magnifique établissement de « La Honradez. »

5483. — 25 dito. — Mathieu Burgot. — Officier d'administration ; Bayard. — Je n'ai rien à ajouter à la phrase ci-dessus, qui est l'expression de ma pensée. Je me souviendrai toujours de la fabrique de « La Honradez. »

5484. — 25 dito. — Comte K. de Lubersac. — dito.

5485. — 25 dito. — F. Bouyer. — Capitaine de frégate, Commandant l'Yonne. — Jamais je n'ai été aussi émerveillé devant les chefs-d'œuvre de la patience et du génie de l'homme, et je suis bien reconnaissant de l'accueil tout gracieux qui m'a initié aux mystères de l'industrie.

5486. — 25 dito. — Le docteur Benoît. — Pharmacien en chef de l'armée du Mexique. — On marche dans cet établissement de merveilles en merveilles; on en sort ravi, enchanté, et surtout très-reconnaissant de l'accueil cordial qui vous est fait.

5487. — 25 ditto. — Robarbey. — Intendant militaire. — J'ai déjà vu beaucoup d'usines en Europe : nulle part je n'en ai vu une mieux installée, dirigée et administrée que celle de la fabrique de cigarettes de la Havane. Elle fait le plus grand honneur à l'homme intelligent qui l'a installée.

5488. — 25 dito. — Saurago. — Agent des Finances. — Etablissement admirable ; accueil parfait. — Je quitte cette maison enchanté.

5489. — 25 dito. — Thébaut. — Agent des Finances. — Heureux d'avoir été admis à visiter cet établissement sans rival ; je remercie MM. les membres de l'association de leur accueil et de leur amabilité.

5495. — 25 dito. — Victor Henry Sivan. — Officier d'administration des Hôpitaux militaires; France. — Fabrique digne d'éloge.

5496. — 25 dito. — Edmond Doré. — Officier d'administration des Hôpitaux militaires; France. — Dito.

5497. — 25 dito. — Charles Dupont. — id., id. — Fabrique digne d'éloge.

5498. — 25 dito. — Jean Philippe Dromand. — Tous les détails indiquent une direction intelligente et active, et les Chinois employés à la fabrication paraissent être l'objet de soins bienveillants.

5499. — 25 dito. — Jean Baptiste Guignote. — Officier d'administration des Hôpitaux militaires ; France. — Dito.

5588. — 1er mars 1867. — Charles de Luze. — Rentier; Bordeaux. — La visite de cet établissement est un des souvenirs les plus agréables qu'on puisse rapporter de l'île de

Cuba, et je remercie l'Administration de son amabilité en me présentant un paquet de ses produits.

5608. — 1er mars 1867. — F. Francoy. — Négociant; Nouvelle-Orléans. — Je félicite le propriétaire de cet établissement pour l'ordre parfait qui règne dans la conduite de cette manufacture, et pour le bien qui en résulte pour les employés.

5632. — 13 dito. — P. Ranson. — Officier français; Paris. — La fabrique est montée avec beaucoup d'intelligence, l'économie y est parfaitement entendue, et le bien-être des employés a été recherché.

5633. — 13 dito. — Dufour. — Négociant; Paris. — Même observation que dessus.

5634. — 13 dito. — Bonnassies. — Négociant; Paris. — Même observation que dessus.

5681. — 14 dito. — Docteur Bedel. — Chirurgien major; France. — Félicitation à M. Susini fils sur l'heureux accord qu'il a su faire dans son établissement du travail mécanique et du travail manuel.

5682. — 14 dito. — M. de Montdésir. — Inspecteur des Finances; France. — Dito.

5683. — 14 dito. — Nicolas. — Capitaine d'Artillerie; France. — Dito.

5684. — 14 dito. — O. Dufour. — France. — A visité la fabrique « La Honradez » avec le plus grand intérêt et fait ses compliments sur le bon ordre du travail.

5705. — 18 dito. — J. Tisseyre. — Capitaine d'État-Major. — Le visiteur se plaît à reconnaître que la fabrique de « La Honradez » mérite tous les éloges, tant pour les procédés de fabrication que pour la qualité des produits.

5706. — 18 dito. — Georges Creutzeret. — Capitaine d'État-Major. — J'ai visité avec le plus grand intérêt la fabrique de « La Honradez » et j'y ai suivi les développements donnés à la fabrication à l'aide de machines remarquables. Je remercie du gracieux accueil qui m'a été fait.

5707. — 18 dito. — Cretin. — Lieutenant d'État-Major. — La fabrique de « La Honradez » est remarquable sous tous les rapports. L'accueil qu'on y fait aux étrangers est excellent.

5708. — 18 dito. — G. Hillout. — Enseigne de vaisseau à bord du Duchayla. — Je n'ai jamais visité de manufacture aussi complète et aussi parfaite sous tous les rapports.

5710. — 18 dito. — J. Leval. — Officier; Paris. — Magnifique établissement, gracieux accueil.

5711. — 18 dito. — S. Lamberg. — Capitaine de la Garde de Paris; Paris. — J'ai trouvé dans ce bel établissement de belles machines, de bon tabac à bon marché, et surtout bon accueil.

5712. — 18 dito. — G. A. Aloll. — Officier d'État-Major; Paris. — L'établissement est admirablement tenu, et les visiteurs étrangers reçoivent le meilleur accueil.

5713. — 18 dito. — S. Rau. — Officier d'État-Major; Paris. — Remarquable établissement. Remerciement pour le gracieux accueil qui nous a été fait.

5714. — 18 dito. — A. de Mascureau. — Officier. — Dito.

5718. — 18 mars 1867. — Gonzalve. — Officier de l'armée française. — Gracieux accueil des personnes de l'établissement. Fabrique très-bien.

5721. — 20 dito. — Furst. — Capitaine d'État-Major; Aide-de-camp du Général du Preuil; Paris. — L'organisation de cette fabrique peut servir de modèle.

5722. — 20 dito. — Bourgions. — Lieutenant de cavalerie; Officier d'ordonnance du Général du Preuil; Paris. — Cette fabrique est remarquable.

5723. — 20 dito. — Batsch. — Capitaine, frégate prussienne « Niobé. » — Très-charmé de l'accueil qu'il a trouvé dans cette fabrique excellente.

5738. — 20 dito. — Baron Letourneur Hugon. — Capitaine de frégate. — Établissement on ne peut plus intéressant à visiter.

5739. — 20 dito. — E. Clément. — Ingénieur de la division navale des Antilles et de l'Amérique du Nord. — Je garderai un excellent souvenir de ma visite à l'usine de « La Honradez. »

5740. — 20 dito. — H. Riennier. — Lieutenant de vaisseau, à bord de la « Thémis. » — Pour retablir la balance en faveur de la nature humaine, il fallait toutes les merveilles de l'industrie moderne. Sol de la Havane, si privilégié pour le goût exquis de ton tabac, M. Susini a résolu le problème de répandre ta renommée dans l'univers entier.

5741. — 20 dito. — Tabareau. — Lieutenant de vaisseau, à bord de la « Thémis. » — C'est avec le plus grand plaisir que j'ai revu les merveilles de « La Honradez. »

5742. — 20 dito. — M. G. Billet. — Lieutenant de vaisseau, à bord de « la Thémis. » Idem.

5743. — 20 dito. — M. Thomas Grégoire Dubés. — Officier d'administration de la frégate « la Thémis. » — Grâce à l'amabilité de M. le Directeur de « La Honradez » j'ai pu visiter dans tous ses détails cet important établissement, et je l'ai quitté en emportant un souvenir des plus agréables.

5744. — 20 dito. — M. Magotteaux. — Officier français. — Les détails du travail de cette fabrique sont remarquables, ils intéressent à un haut point le voyageur étonné d'un travail si grand. Le souvenir ne peut que se conserver toujours.

5745. — 20 dito. — M. Clouet. — Officier français. — Parfait!

5746. — 20 dito. — Madame Coudine. — Admire et remercie le personnel de la bienveillance qu'on lui a témoignée.

5783. — 21 dito. — Alice Lopez. — Après avoir voyagé dans le monde de « La Honradez », je ne puis exprimer mon admiration que par le silence; toutefois des remerciements bien dus à l'obligeance de notre jeune et aimable guide.

5784. — 21 dito. — Charboneau. — Premier Maître Mécanicien de la Marine Impériale française. — J'emporte en quittant cette fabrique les plus belles impressions que j'aie jamais ressenties.

5785. — 21 dito. — J. Lescudier. — Second Mécanicien de la Marine Impériale française. —

Je dois, avant de quitter cet établissement, témoigner toute ma reconnaissance et mon étonnement en ayant parcouru toutes les salles qu'on a bien voulu nous faire visiter : j'en garderai un précieux souvenir, et je me ferai un plaisir d'en faire part à mes compatriotes.

5797. — 22 mars 1867. — B. C. Desmares. — Capitaine du 7e de ligne, à bord du « Souverain ». — Exploitation magnifique; direction admirable et bien digne d'être visitée.

5798. — 22 dito. — Ch. Hassner. — Capitaine du 7e, à bord du « Souverain. » — L'établissement de « La Honradez » est vraiment unique dans son genre. C'est admirable de voir l'ordre et la propreté qui y règnent.

5799. — 23 dito. — Sengel. — Capitaine au 7e de ligne, à bord du « Souverain. » — Je suis émerveillé de tout ce que j'ai vu !

5800. — 23 dito. — H. Guionic. — Capitaine au 7e de ligne; France; Belle-Ile. — Etablissement parfaitement administré.

5801. — 23 dito. — Nigouroux. — Sous-Lieutenant au 7e de ligne. — Admirable ! ! !

5802. — 23 dito. — T. Hurault. — Officier Payeur; 7e de ligne. — Etablissement distingué.

5803. — 23 dito. — Lapierre. — Lieutenant au 3e Chasseurs d'Afrique. — dito.

5804. — 23 dito. — Pinet. — Sous-Lieutenant au 95e; Souverain. — Etablissement vraiment magnifique et parfaitement dirigé.

5810. — 23 dito. — Caron. — Lieutenant au 7e de ligne; France. — Etablissement excessivement remarquable à tous les points de vue et comme il n'en existe nulle part.

5821. — 26 dito. — Blanckman. — Sous-Officier français; Paris. — Cette fabrique ne peut que provoquer l'admiration de tous ceux qui la visitent. J'en témoigne hautement la mienne.

5835. — 26 dito. — Hippolyte Hivert. — Sous-Lieutenant au 7e; France. — Cet établissement mérite d'être visité.

5837. — 26 dito. — Philippe Lambert — Lieutenant au 7e de ligne ; France. — Etablissement remarquable.

5838. — 26 dito. — Seytre. — Lieutenant au 7e de ligne; France. — La science s'est réunie à l'intelligence pour la création de cet établissement.

5839. — 26 dito. — Charbonnier. — Lieutenant au 7e de ligne; France. — dito.

5850. — 26 dito. — Baron de Roncière le Noury. — Contre-Amiral, Commandant en chef de la Division cuirassée française; vaisseau « le Magenta. » — Industrie intelligente, digne de l'esprit d'entreprise de la vieille race espagnole.

5851. — 26 dito. — Pierre. — Capitaine de frégate, Chef d'Etat-Major, vaisseau « le Magenta. » — dito.

5852. — 26 dito. — Vignes. — Lieutenant de vaisseau, Aide-de-camp, vaisseau « le Magenta. » — dito.

5853. — 26 mars 1867.— Julien. — Médecin principal de la Division cuirassée, vaisseau « le Magenta. » — dito.

5854. — 26 dito. — Aumônier supérieur, vaisseau « le Magenta. » — dito.

5855. — 26 dito. — Lemaire. — Ingénieur de la marine, vaisseau « le Magenta. » — dito.

5856. — 26 dito. — Laromigière. — Enseigne de vaisseau, cannonière « Tourmente. » — dito.

5857. — 26 dito. — A. Danting. — Aspirant de 1re classe; frégate cuirassée « la Magnanime ». — dito

5858. — 26 dito. — Willaume Bouët. — Aspirant de marine, frégate cuirassée « la Flandre. » — dito.

5859. — 26 dito. — Cabrol. — Aspirant volontaire, frégate cuirassée « la Magnanime. » — dito.

5860. — 26 dito. — B. Coreil.—Enseigne de vaisseau, cannonnière « la Tourmente. » — dito.

5861. — 26 dito. — Théret. — Médecin de la Marine Impériale française, « Adonis. » — dito.

5862. — 26 dito. — F. Arnaud. — Aspirant de marine, à bord de « la Magnanime. » — Splendide !

5863. — 27 dito. — Oscar Rodriguez. — Ordonnance de la maison du Général Bazaine. — J'ai visité la fabrique de cigarettes ; je la trouve de toute beauté, et après avoir beaucoup voyagé dans toute la France et dans l'Europe entière, je dis qu'il n'en existe pas une seconde de son genre, et je suis parfaitement satisfait de l'avoir visitée.

5869. — 27 dito. — Massiou. — Officier de marine, Commandant « la Tourmente. » — Honneur aux habiles directeurs de ce vaste et magnifique établissement ! Ils ont su réunir le travail intelligent et la *honradez*.

5870. — 27 dito. — Auge Lemine. — Officier de marine ; « Tourmente. » — Je garderai un précieux souvenir de ma visite à l'établissement de M. Susini « La Honradez. »

5871. — 27 dito. — Tousseaux. — Médecin de la marine; « Tourmente. » — Cette visite à la fabrique « La Honradez » sera pour moi un des meilleurs souvenirs du temps passé à la Havane.

5872. — 27 dito. — De Berrandières. — Officier de marine ; « Tourmente. » — Dito.

5959. — 3 avril 1867. — M. Schlessinger. — Négociant à Paris et New-York. — Fabrique modèle.

6154. — 10 mai 1867. — Appencourt. — Représentant de Ch. Derriey de Paris. — Le visiteur est trop heureux de déclarer que l'établissement de M. Susini est le plus complet, le mieux organisé qu'il ait visité dans le cours de ses voyages; et réserve d'offrir ses compliments à M. Susini en personne à Paris.

6185. — 16 dito. — Parfait Darnaud. — Mécanicien ; Havane. — Les machines m'ont paru d'une confection simple. Tout dans cette fabrique prouve le travail uni à l'intelligence, et pourtant j'assure qu'elle est la première fabrique du monde en son genre.

6186. — 16 mai 1867.— Alexandre Aubert Marais. — Mécanicien ; Havane. — Le problème est difficile, mais le génie a su y prévoir, et on ne peut moins qu'être plus qu'émerveillé après en avoir pris connaissance. Je parle en mécanicien et ne puis être que zélé admirateur de cette grande œuvre.

6274. — 13 juin 1867. — Charles Polony. — Carrossier ; Havane. — Les résultats de l'industrie du monde, les plus beaux, dis-je, sont ceux qui ont frappé mon imagination dans ce superbe établissement.

6275. — 13 dito. — Georges Gros. — Voyageur ; Havane. — Tout est dans le meilleur goût et d'une administration supérieurement intelligente.

6313. — 2 juillet 1867. — Alexandre Nones. — Négociant ; Saint-Thomas. — Cette fabrique est vraiment admirable et surprenante ; elle est digne de la visite de tout étranger.

6318. — 4 dito. — Le Febvrier. — Agent des Postes et Commissaire du Gouvernement à bord de la Lousiane ; Paris. — C'est avec le plus grand plaisir que je viens de revoir le magnifique établissement de La Honradez ; j'ai pu y constater les progrès sans nombre qu'y apporte chaque jour M. de Susini, et je ne saurais trop remercier M. Audap de la complaisance qu'il a mise à nous faire admirer toutes ces merveilles.

6319. — 4 dito. — Paul Laborde. — Commissaire à bord de la Louisiane ; Saint-Nazaire. — Je suis très-heureux d'avoir visité le superbe établissement de « La Honradez, » et je remercie vivement de la gracieuse hospitalité qu'on a bien voulu me faire.

6320. — 4 dito. — Mlle Octavie Bouligny. — Dito.

6321. — 4 dito. — Mme Emma H. Maukey. — Nous avons eu le plaisir de visiter cet établissement, et nous avons été enchantées non-seulement de l'ordre qui y règne, mais encore de l'amabilité avec laquelle nous y avons été reçues.

6333. — 11 dito. — Marcelin Nadal. — Négociant ; France. — L'intelligence unie au travail et à la persévérance enfante des prodiges. Gloire au penseur et au travailleur !

6374. — 17 dito. — E. Arnoux. — Commissaire du paquebot Lousiane ; Saint-Nazaire. — J'ai peu vu en France des fabriques où il règne autant d'ordre.

6375. — 17 dito. — A. de Peon de Regil. — Propriétaire. — Mexique. — dito.

6536. — 27 dito. — Antoine Caummel. — Sous-Lieutenant du 62e ; Monflampein, Lot-et-Garonne. — Cette fabrique est une des plus belles en son genre ; digne d'être visitée.

6537. — 27 dito. — Charles Klundiensk. — Officier de la Gendarmerie impériale mexicaine ; Bavière ; Allemagne. — Magnifique ! Le plus beau qu'on peut voir dans ce genre;

6596. — 2 octobre 1867. — Henri Ehrman. — Négociant ; Panama. — J'ai trouvé le tout admirable, et je suis très-satisfait de ma visite à cette fabrique.

6658. — 28 dito. — Amstein. — Lieutenant de vaisseau ; frégate Novara. — Très-intéressant et grandiose.

6659. — 28 dito. — Victor Alnoch. — Officier de la marine I. R. d'Autriche. — Id.

6660. — 28 octobre 1867. — Paul Renvers. — Dito, dito.

6661. — 28 dito. — Charles Rauch. — Commissaire de la Cour I. R. d'Autriche. — Vienne. — Dito.

6694. — 7 nov. 1867. — Comte Roger de Beaumont. — Propriétaire, France. — La propreté et l'ordre qui règnent dans cette fabrique, la mettent au premier rang de celles que j'ai déjà visitées en Europe; la simplicité des machines est merveilleuse.

6731. — 9 dito. — Dupray Levi. — Négociant; Paris. — Nous sommes heureux de manifester notre satisfaction après avoir visité cette remarquable fabrique, où tout se fait d'une manière digne de tout éloge.

6761. — 20 dito. — E. Itier. — Négociant; Veracruz. — Je ne puis m'empêcher de remercier M. Susini de la satisfaction que j'ai éprouvée, dans ma visite à son établissement, qui me paraît être unique dans son genre.

6763. — 20 dito. — L. Oncin, Commandant; Veracruz. — Je ne puis que confirmer l'opinion des personnes citées plus haut, et prie M. Susini de recevoir mes remerciements.

6768. — 20 dito. — Docteur Auguste Fessendié. — Etablissement magnifique.

6829. — 12 décembre 1867. — Eugène Ferrenvi. — Touriste; Paris. — Mon impression est la même que celle produite à mes compatriotes ou étrangers qui ont visité cette magnifique fabrique : c'est-à-dire qu'elle me laisse un souvenir digne de sa bonne administration.

6856. — 19 dito. — M. R. de Arellano. — Général d'artillerie dans l'armée mexicaine. — La fabrique de cigarettes « La Honradez » est certainement la meilleure de son genre dans le monde entier, autant par la grandeur de ses ateliers que par leur parfaite combinaison, ainsi que par la qualité des produits qui jouissent d'une renommée universelle.

6928. — 10 janvier 1868. — Alfred Nautier, Fabricant de cigares; Suisse. — Cette fabrique est la plus belle que j'aie jamais vue.

6931. — 10 dito. — Mathilda de Thier. — Nouvelle-Orléans. — Souvenir agréable et regrets d'une amie absente. Etablissement le plus beau que j'aie jamais rencontré dans mes voyages nombreux.

6939. — 16 dito. — E. de Marçay. — Sous-Commissaire de « la Floride. » — Je remercie mille fois l'intelligent agent de cette fabrique pour la charmante cordialité avec laquelle il m'a fait visiter son splendide établissement.

6940. — 16 dito. — A. Fabres. — Ier Lieutenant sur « la Floride, » — Le gracieux accueil qui m'a été fait dans ce bel établissement de la fabrique de cigarettes de M. de Susini mérite réellement un souvenir de ma part. Je suis heureux de le reconnaître.

6942. — 16 dito. — P. Nezereau. — Mécanicien de la Compagnie Générale Transatlantique. — C'est avec plaisir que j'ai visité l'établissement de « La Honradez, » et je remercie infiniment la Direction pour l'amabilité avec laquelle j'ai été reçu, ainsi que l'agent qui a eu la bonté de m'accompagner.

6990. — 30 janvier 1868. — C. Vaner Muhll. — Négociant; Bâle. — J'ai rarement vu une fabrique établie d'une manière plus parfaite.

6991. — 30 dito. — H. Rhyner. — Négociant; Zurich. — C'est la meilleure fabrique dans ce genre qu'il y ait au monde.

7056. — 10 février 1868. — Charles Lassalle. — Editeur ; New-York. — L'établissement de M. de Susini est incontestablement le plus complet que j'aie vu dans ce genre. Voir mes impressions dans le *Courrier des États-Unis* du mois prochain.

7057. — 10 dito. — Madame Charles Lasalle. — New-York. — Dito.

7143. — 21 dito. — Simon Weil. — Négociant; Mexico. — Très-parfait.

7144. — 21 dito. — Hubert Tony. — Rien ne laisse à désirer.

7161. — 27 dito. — Théodore Sargenton. — Négociant; Havane. — Je suis on ne peut plus satisfait de la visite que le propriétaire a bien voulu me laisser faire à son établissement, et je suis ravi de la beauté et de la grandeur de cette fabrique qui fait la satisfaction du fumeur de cigarettes.

7215. — 4 mars 1868. — Louis Lagarrigue. — Ingénieur; Mexico. — Cette fabrique est admirablement montée; on devrait seulement rechercher les moyens de faire des cigarettes à la machine.

7234. — 6 dito. — Jean-Baptiste Touly. — Forgeron; Paris. — Je trouve que la fabrique de « La Honradez » est très-bien tenue et très-bien inventée ; le service y est très-bien fait et avec une exactitude sans reproche, et je me promets d'en garder un très-long souvenir.

7235. — 6 dito. — Guadaloupe Aguilar. — Paris. — J'ai vu la fabrique de « La Honradez » avec plaisir ; le service est très-bien. C'est une invention magnifique.

7236. — 6 dito. — Pierre Lacharme. — Armurier ; Montpellier. — Je suis très-content d'avoir visité cette belle fabrique, que je trouve très-bien tenue.

7237. — 6 dito. — Alfred Briquet. — Photographe ; Montpellier — C'est avec plaisir que j'ai visité ce bel établissement de « La Honradez » qui ne laisse rien à désirer sous tous les rapports.

7238. — 6 dito. — Madame Briquet. — Paris. — J'ai trouvé magnifique ce bel établissement.

7239. — 6 dito. — Nicolas Chotronet. — dito. — J'ai visité avec beaucoup de plaisir ce bel établissement, où j'ai trouvé une politesse excessive et un ordre admirable.

7247. — 9 dito. — Camille Garsonnin. — France. —

Veni, vidi.
Chose dont je m'honore ;
J'ai compris,
C'est mieux encore.

7254. — 9 mars 1868. — G. Sassemare. — Négociant ; Mexico. — Cette fabrique me parait être à un degré de perfection dificile à dépasser. Je n'ai rien vu dans ce genre qui puisse seulement lui être comparé.

7256. — 10 dito. — Adélaïde Ristori del Grillo. — Artiste dramatique. — Je suis très-heureuse. Je n'ai jamais vu une fabrique plus parfaite que celle-ci.

7257. — 10 dito. — Julien Capranica del Grillo. — Je ne pouvais pas m'imaginer une fabrique aussi bien organisée, aussi élégamment montée et aussi gentilement représentée.

7258. — 10 dito. — Blanche Capranica del Grillo. — J'ai vu et admiré la gentillesse du directeur en même temps que la beauté de la fabrique.

7259. — 10 dito. — Georges Capranica del Grillo. — La renommée dont jouit partout ce magnifique établissement est inférieure à ce que j'ai pu admirer aujourd'hui, grâce à la courtoisie exquise de son directeur.

7310. — 17 dito. — Arthur Mayer; Paris. — J'ai rarement vu une fabrique mieux tenue, mieux organisée et surtout mieux comprise. Je suis heureux de l'avoir visitée.

7312. — 17 dito. — L. Puamills. — Négociant ; Mexico. — Je ne puis que remercier les propriétaires de la fabrique du bon accueil fait aux visiteurs en général et à leur serviteur en particulier.

7313. — 17 dito. — J. B. Ebrard. —Négociant; Mexico. — Je remercie les propriétaires de cet établissement d'avoir bien voulu me donner le permis pour visiter leur fabrique, et je l'ai trouvée dans son ensemble parfaitement organisée.

7314. — 17 dito. — Y. Caire. — dito.

7315. — 17 dito. — A. Jullien. — dito. — Je suis grandement satisfait d'avoir eu l'honneur de visiter la plus belle fabrique de son genre.

7345. — 17 dito. — Udo Bornemann. — Négociant ; Havane. — Cette manufacture représente en effet ce qu'il y a de plus industrieux : on ne peut que lui désirer un avenir brillant.

7360. — 19 dito. — Georges Nagelmackers. — Touriste ; Belgique. — Voyageant comme touriste j'ai été vivement intéressé en examinant la superbe fabrique de « La Honradez », et j'ai à remercier les Administrateurs de la complaisance qu'ils ont mise à nous montrer tous les détails de leur fabrication.

7361. — 17 dito. — Maurice Aubert. — dito.

7362. — 17 dito — Comte Guey de Berlaymont. — dito.

7441. — 26 dito. — Léonard Baron Findal. — Négociant. — Je me souviendrai longtemps de l'impression agréable que m'a laissée la visite de la fabrique « La Honradez ».

7555. — 16 Avril 1868. — Joseph Azarion. — Boston. — J'ai été surpris de trouver la fabrication des cigarettes être une affaire si importante, et je fais mes sincères compliments aux propriétaires pour m'avoir permis de visiter leur fabrique si perfectionnée.

7566. — 16 avril 1868. — P. Cape. — Négociant, Havane. — Cette belle fabrique est la plus remarquable que j'aie vue dans son genre.

7567. — 16 dito. — J. P. Antichaut. — Négociant. — Admirable.

7593. — 16 dito. — Charles Harouard. — Sous-Ingénieur de la Compagnie Générale Transatlantique; Saint-Nazaire. — Que ne peut-on attendre de l'intelligence humaine quand elle se montre si grande dans les appareils qui servent à la fabrication de choses qui ne sont qu'agréables et non nécessaires. Mes remerciements à M. de Susini pour ma bonne réception.

7609. — 25 dito. — H. Neletta. — Négociant; Nouvelle-Orléans. — C'est parfait, on ne peut pas dire plus.

7618. — 27 dito. — F. Benedetti. — Attaché à la Légation de France à Washington. — Je n'ai que des éloges à faire sur l'amabilité avec laquelle nous avons été reçus.

7718. — 14 Mai 1868. — Rodolphe Poey. — Havane. — Je pense que la Havane vaut quelque chose après avoir vu cette fabrique.

Nous pourrions ajouter aux trois annexes précédentes, beaucoup d'autres documents relatifs à l'importance des machines-Susini pour cigarettes, et pour les empaqueter, et à la fabrique « La Honradez » (*L'Honorabilité*) de la Havane, mais nous les supprimons pour ne pas trop grossir le volume de cette brochure.

Paris. — Imprimerie A.-E. Rochette, boulevard Montparnasse, 72-80.

www.ingramcontent.com/pod-product-compliance
Lightning Source LLC
LaVergne TN
LVHW020434230826
846091LV00004B/1489
9782016144442